osskirche in Wittenberg. Bl. 1.

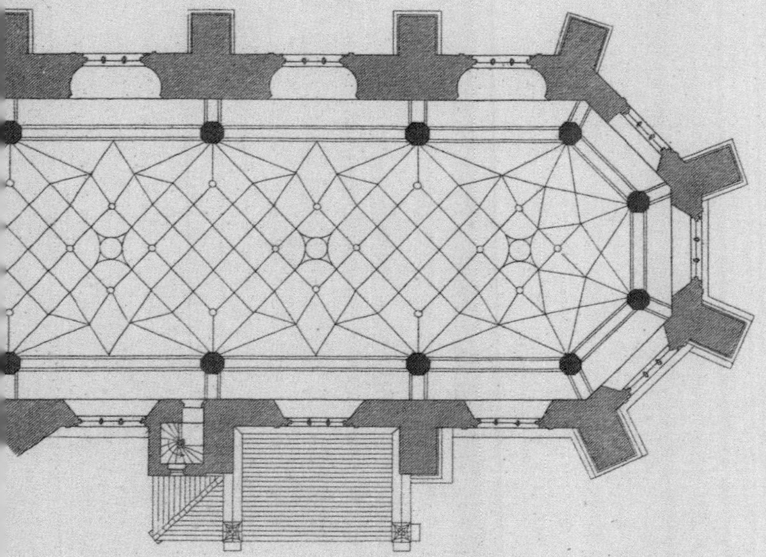

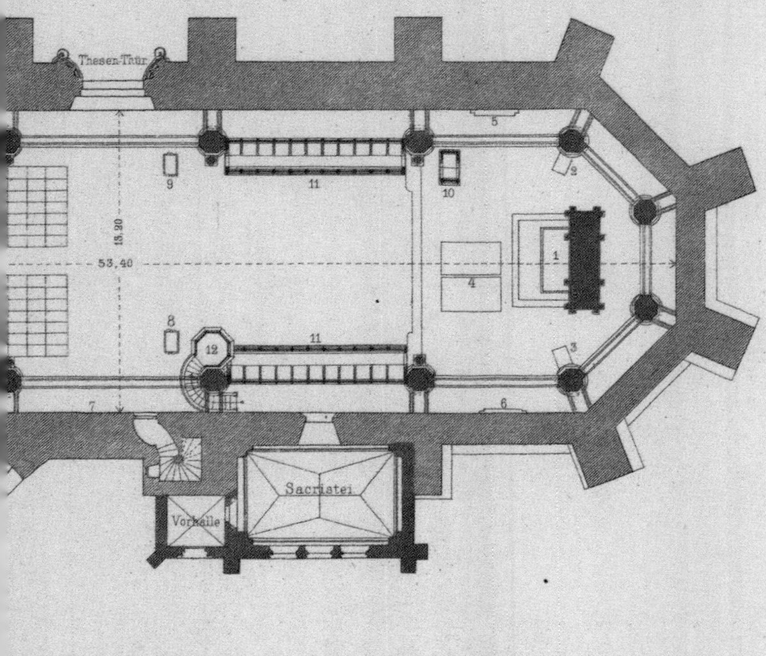

1. Altar.
2.3. Standbilder d. Kurfürsten.
4. Grabplatten " "
5. Grabmal Friedrichs d. Weisen.
6. " Johann d. Beständigen.
7. " M. Luthers.
8. Grab Luthers.
9. " Melanchthons.
10. Kaiserstuhl.
11.11. Fürstengestühl.
12. Kanzel.
13. Ascanier-Denkmal.
14.15. Ascanier-Grabsteine.

Walther gest.

ohn, Berlin.

Die Schlosskirche in der Lutherstadt Wittenberg

Bernhard Gruhl

SCHNELL + STEINER

Vordere Umschlagseite:
Hofseite der Kirche mit einem der erhaltenen Treppenaufgänge des Schlosses

Vorsatz:
Grundriss der umgebauten Schlosskirche 1892, nach Friedrich Adler gezeichnet von H. Scholz 1895

Rückwärtige Umschlagseite:
Chorfenster von 1891,
Anbetung des Jesuskindes

Bildnachweis:
Archiv Bernhard Gruhl, Wittenberg: S. 31; Archiv der Hochschul-Film-und-Bildstelle der Martin-Luther-Universität Halle-Wittenberg: S. 9, 11, 12; Evangelisches Predigerseminar Wittenberg: Vorsatz, S. 13, 14, 20/21, 22, 23, 25; Bernhard Gruhl, Wittenberg: S. 5; alle übrigen Aufnahmen: Constantin Beyer, Weimar.

„Die Schloßkirche hat eine Geschichte von mehr denn 500 Jahren, welche zugleich in verjüngtem Maaßstabe eine deutsche Reichs- und Kirchengeschichte ist [...]. Anfänglich war sie eine bescheidene Kapelle, später eine reich dotirte Stiftskirche, dann durch kurfürstliche Schenkung Eigenthum der Universität Wittenberg [...]. Sie dient jetzt den Gottesdiensten des evangelischen Prediger-Seminars [...] ihre Thüren führen zu den Gräbern der Reformatoren Luther und Melanchthon und der ersten erlauchten Beschirmer der gereinigten Lehre [...]."

Aus einer Schrift des Wittenberger Seminardirektors Heinrich Schmieder im Jahre 1858

Bibliografische Informationen der Deutschen Bibliothek. Die Deutsche Bibliothek verzeichnet diese Publikation in der Deutschen Nationalbibliografie; detaillierte bibliografische Daten sind im Internet über http://dnb.ddb.de abrufbar.

1. Auflage 2006
ISBN-10: 3-7954-1798-8
ISBN-13: 978-3-7954-1798-7
Diese Veröffentlichung bildet Band 224 in der Reihe „Große Kunstführer" unseres Verlages. Begründet von Dr. Hugo Schnell † und Dr. Johannes Steiner †.

Leibnizstraße 13, D-93055 Regensburg
Reihen-Layout: grafica, Regensburg
Satz, Lithoherstellung, Druck:
Erhardi Druck GmbH, Regensburg

Weitere Informationen zum Verlagsprogramm erhalten Sie unter: www.schnell-und-steiner.de

Inhalt

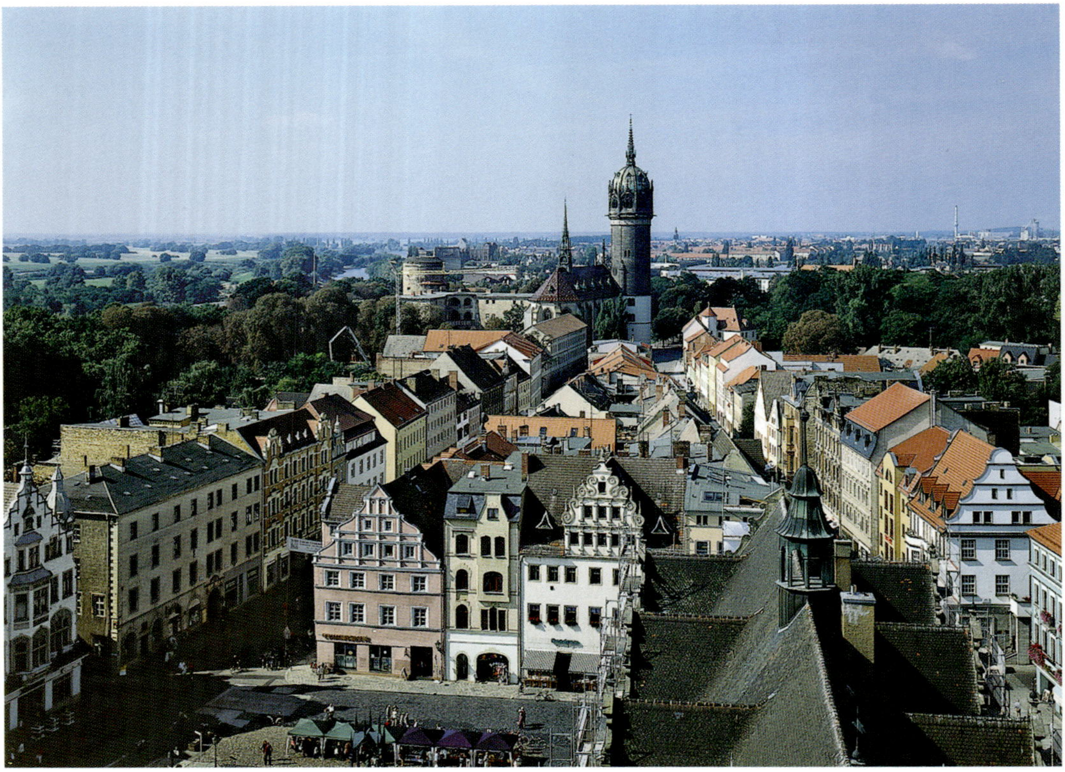

Die Elbestadt mit ihren beiden „Lutherkirchen"

Blick vom Turm der Stadtkirche über die westliche Altstadt zur Schlosskirche

Am rechten Ufer der mittleren Elbe, wo sich der Fluss ein bequemes Bett zwischen ausgedehnten Wiesen, Buschwerk und Auenwäldchen in das flache Land eingegraben hat, liegt die Lutherstadt Wittenberg. Sie hat heute etwa 47.500 Einwohner. In unmittelbarer Nähe führen zwei moderne Brücken über den Fluss, die eine für den Schienen-, die andere für den Straßenverkehr. Vom Fußgängersteg der Straßenbrücke aus hat man einen schönen Blick auf die historische Altstadt. Über ihre vom Grün der Parkanlagen fast verdeckten Dächer erheben sich markant zwei Kirchen: in der Mitte die Stadtkirche mit ihrem wuchtigen Turmpaar und weiter westlich die Schlosskirche mit dem runden, malerischen Kuppelturm. Beide Kirchen waren wichtige Wirkungsstätten Martin Luthers.

Vom Wittenberger Marktplatz aus ist es nur ein kurzer Fußweg in westlicher Richtung zur Schlosskirche und ihrer berühmten Thesentür. Hier hat der Mönch und Professor Martin Luther (1483–1546) der Überlieferung nach am 31. Oktober 1517 sein Plakat mit den 95 Thesen angeschlagen, ohne etwas von der gewaltigen Wirkung zu ahnen, die diese lateinischen Streitsätze unter seinen Zeitgenossen auslösen sollten. Große Veränderungen haben oft unscheinbare Anfänge. Die Bewegung, die daraufhin einsetzte, machte Luther zum großen Reformator.

Stadtwappen von 1891 aus einem nördlichen Seitenfenster oben

Wittenbergs Anfänge und Entwicklung zur sächsischen Residenzstadt

Die Historiker gehen davon aus, dass im Zuge der Besiedelung des Mittelelbegebiets durch Niederländer um 1150 an der Stelle der späteren Stadt Wittenberg eine deutsche Burg angelegt wurde. Als ihr Gründer wird Markgraf Albrecht der Bär genannt (1123–1170). Er entstammte dem mächtigen Grafengeschlecht der Askanier, das später mehr unter dem Namen Anhaltiner bekannt wurde. Die Burg schützte eine Furt der Elbe, an der sich zwei alte Handelsstraßen kreuzten. Diese günstige Verkehrslage wird ein wichtiger Faktor für das Wachsen und Gedeihen einer Siedlung mit dem niederländischen Namen „Wittenberg" (Weißenberg) gewesen sein. Die Humanisten des 16. Jh. gräzisierten ihn zu „Leucorea". Von der Burg ist heute kaum mehr etwas erhalten. Aber wie bei jeder mittelalterlichen Burg gab es in ihr eine Kapelle für die Andacht, in der Priester die Messe lasen, die Sakramente spendeten und gewiss auch den Umwohnenden geistlich dienten. Diese mit der Burg längst verschwundene Kapelle kann als die erste „Schlosskirche" von Wittenberg gelten.

Albrecht der Bär hinterließ seinen sieben Söhnen und drei Töchtern nach zahlreichen Eroberungen ein gewaltiges Herrschaftsgebiet, das sich vom Harz über die mittlere Elbe bis zur Oder erstreckte. Das Stammland des Geschlechts um Aschersleben und das Gebiet von Wittenberg erbte sein jüngster Sohn Bernhard (1170–1212). Er profitierte von einer politischen Entscheidung, zu der es 1180 auf dem Reichstag in Gelnhausen kam. Sie

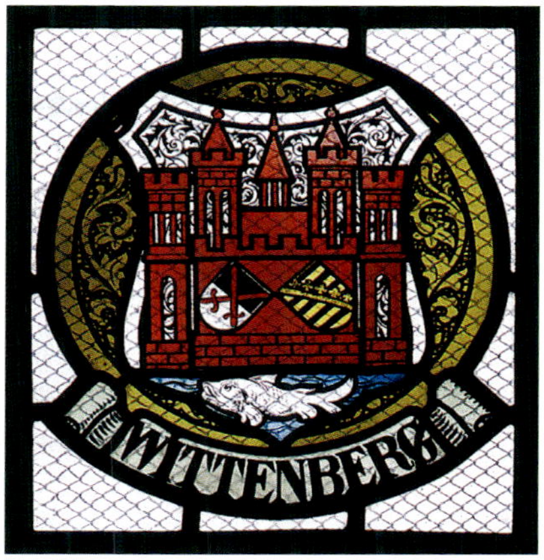

sollte ihm und seinen Nachfolgern jene besondere Stellung in der deutschen „Reichs- und Kirchengeschichte" geben, von der das diesem Buch vorangestellte Motto spricht. Kaiser Friedrich Barbarossa (1152–1190) und etliche Fürsten beschuldigten den Sachsenherzog Heinrich den Löwen des Landfriedensbruchs und entzogen ihm seinen Lehensbesitz, die Herzogtümer Bayern und Sachsen. Neuer Herzog von Sachsen wurde Graf Bernhard. Doch erhielt er zu dem vollklingenden Titel lediglich die östlichen Gebiete des ehemaligen sächsischen Herzogtums, das sich vom Harz bis nach Dänemark, von der Elbe bis in die unteren Rheingegenden erstreckt hatte und nun an die Nachbarn aufgeteilt worden war. Unter Bernhards Nachfolgern, die das Land noch zwei weitere Male teilten, entwickelte sich Wittenberg auf Grund seiner günstigen Lage zur bevorzugten Residenz des kleinen Herzogtums „Sachsen-Wittenberg" zu beiden Seiten der mittleren Elbe. Mitte des 13. Jh. ließen sich Franziskanermönche in der Stadt nieder und begannen bald mit dem Bau eines Klosters. Ihre heute verschwundene Klosterkirche diente ab 1273 der herzoglichen Familie als Grablege. Bernhards Enkel, Her-

Seite 7 links: Grabplatte des Kurfürsten Rudolf II. († 1370) und seiner Gemahlin Elisabeth († 1373)

zog Albrecht II. (1261–1298), befreite seine „Bürger in Wittenberch“, wie es in der Urkunde von 1293 heißt, von allen ihm bisher geleisteten Abgaben. Dafür musste ihm die Stadt fortan jährlich einen Gesamtbetrag von „50 Mark“ (fast 12 kg Silber) zahlen.

Die Allerheiligenkapelle, ihr Stift und ihre Privilegien

In dem Maße, wie die Stadt Wittenberg zum bevorzugten Aufenthaltsort der Herzöge wurde und die Anzahl der an ihrem Hof lebenden Personen anstieg, dürfte auch die alte Burgkapelle zu eng geworden sein. Herzog Rudolf I. (1298–1356) ließ deshalb um 1340 eine größere Kapelle südlich von Wittenberg, die wohl wegen des häufigen Hochwassers der Elbe dort aufgegeben werden musste, abbrechen und im Hof seiner Burg wieder aufbauen. Erzbischof Otto von Magdeburg hatte gegen eine Entschädigung von „zehn Schock Groschen“ seine Erlaubnis dazu gegeben. Die 1338 darüber ausgefertigte Urkunde stellt das erste sicher bezeugte Datum für die Geschichte der Schlosskirche dar.
Einige Zeit später erhielt der Wittenberger Herzog vom französischen König Philipp VI. ein willkommenes Geschenk, das wohl einer Bitte um militärische Hilfe gegen die in Frankreich eingedrungenen Engländer Nachdruck verleihen sollte: einen Dorn aus der Dornenkrone des Gekreuzigten. Fragen nach der Echtheit dieser Christusreliquie stellte man in jenen Zeiten kaum. Wichtig war vielmehr, dass Papst Clemens VI. 1346 in Avignon die neu errichtete Kapelle als Aufbewahrungsort für den heiligen Dorn bestätigte und sie unmittelbarer päpstlicher Aufsicht unterstellte. Man weihte sie Maria und allen Heiligen. Um die so privilegierte „Allerheiligenkapelle“ mit reicherem gottesdienstlichen Leben zu erfüllen, gründete der Herzog ein „Kollegiatstift“, das aus sieben Klerikern bestand. Einer von ihnen führte als Vorgesetzter den Titel „Propst“ und hatte für den Wittenberger Hof bischöfliche Vollmachten. Täglich mussten laut einer Urkunde von 1353 vier Messen gelesen werden, darunter auch Gedächtnismessen für das Seelenheil der verstorbenen Mitglieder der Herzogsfamilie. Eine später noch wachsende Anzahl von Orten hatte Abgaben für die Kapelle und ihre Stiftsherren zu leisten.

Kurwürde, Herrschaftswechsel und Landesteilung

Das Jahr 1356, das letzte seiner langen Regierungszeit, bescherte Rudolf I. einen großen politischen Erfolg: Kaiser Karl IV. (1346–1378) bestätigte ihm das alte, aber von sei-

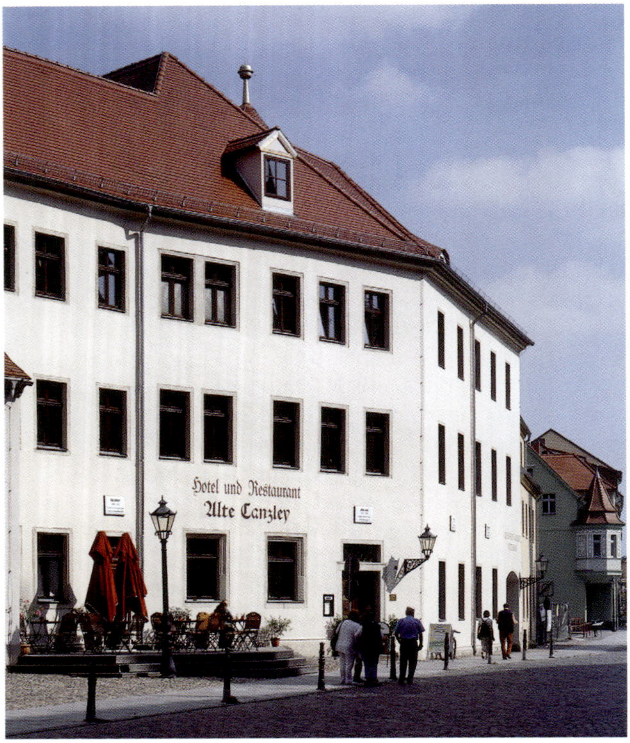

Die „Alte Canzley“ gegenüber der Schlosskirche, Sitz ihrer ehemaligen Pröpste

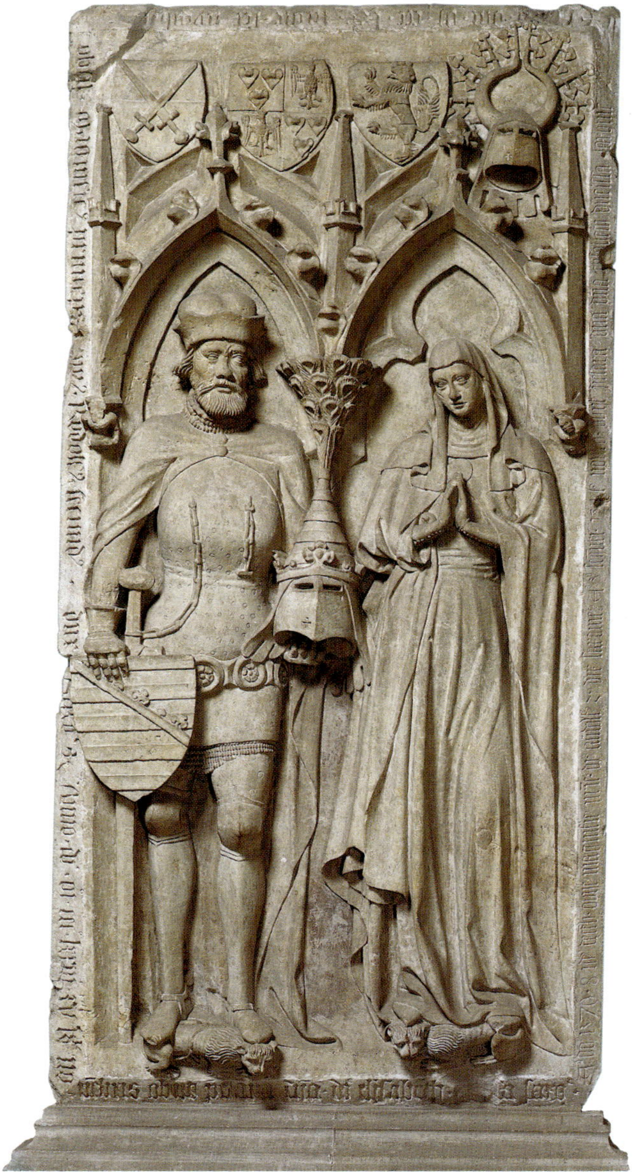

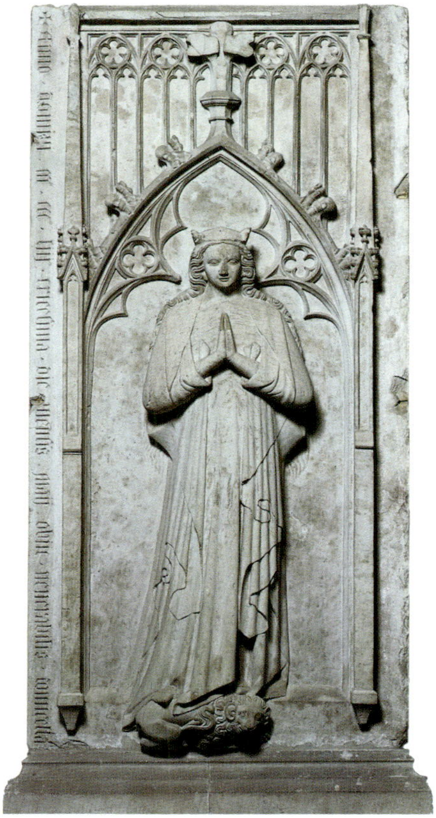

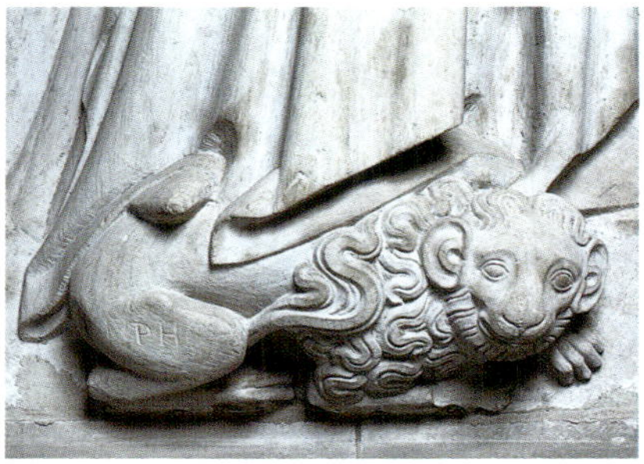

Rechts: Grabplatte der Herzogin Elisabeth, † 1353, Tochter Kurfürst Rudolfs II.

Rechts unten: Löwe unter den Füßen der Tochter Elisabeth

nen Lauenburger Vettern bestrittene Recht, seine Stimme bei der Wahl (Kur) des deutschen Königs abzugeben. Nun wurde ihm und seinen Nachfolgern dieses Recht in dem 1356 beschlossenen Reichsgesetz (der „Goldenen Bulle"), das die Zahl der Königswähler auf sieben „Kurfürsten" beschränkte, urkundlich verbrieft. Damit erhielten die Wittenberger Herzöge einen gewichtigen Einfluss auf die Reichspolitik. Mit ihrer Kurwürde war das Reichsamt des Erzmarschalls verbunden. Als Zeichen dafür dienten fortan die gekreuzten Schwerter im kursächsischen Wappen. Für die Nachfolger Rudolfs I. waren das gute Voraussetzungen, ihre Macht und ihr

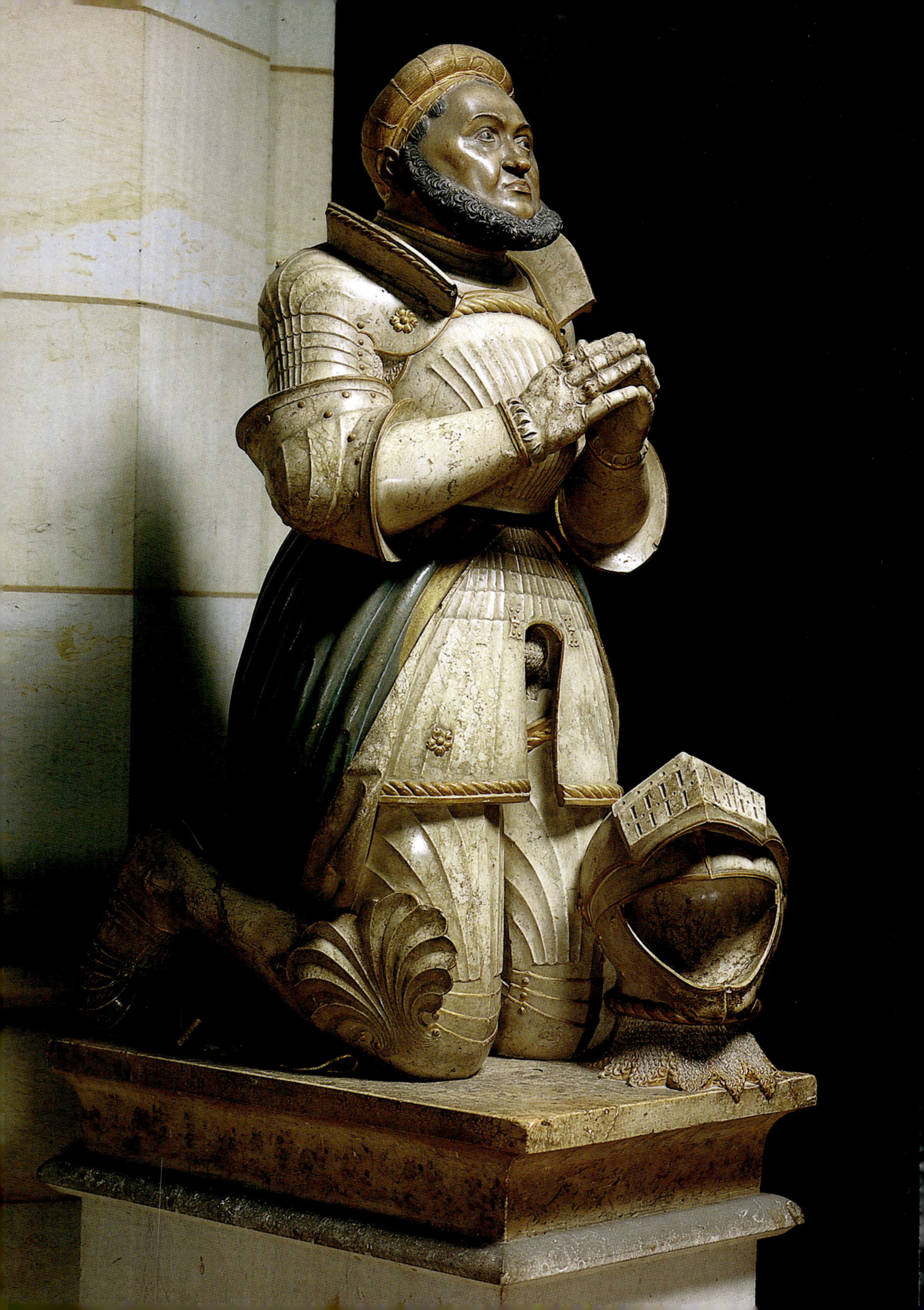

Seite 8: Kniende Figur Kurfürst Friedrichs des Weisen, Marmor, vermutlich süddeutsche Arbeit um 1521

Herrschaftsgebiet zu vergrößern. Sie haben das auch in vielen erbittert geführten Kriegen mit ihren Nachbarn versucht, doch ohne dauernden Erfolg. Eine Kette von gewaltsamen Todesfällen führte 1422 zum Aussterben der Wittenberger Askanier.

Nun belehnte König Sigismund (1410–1437, Kaiser ab 1433) den Markgrafen von Meißen, Friedrich den Streitbaren (1381–1428), mit der Kurwürde und dem Herzogtum Sachsen. Friedrich gehörte zum Grafengeschlecht der Wettiner. Durch die Verbindung seiner Markgrafschaft Meißen mit Sachsen-Wittenberg bürgerte sich der Name „Sachsen" auch als Bezeichnung der meißnischen Gebiete ein. Für den neuen Landesherrn lag Wittenberg aber zu sehr am Rand seines großen Territoriums, als dass er seine Residenz nun dorthin hätte verlegen

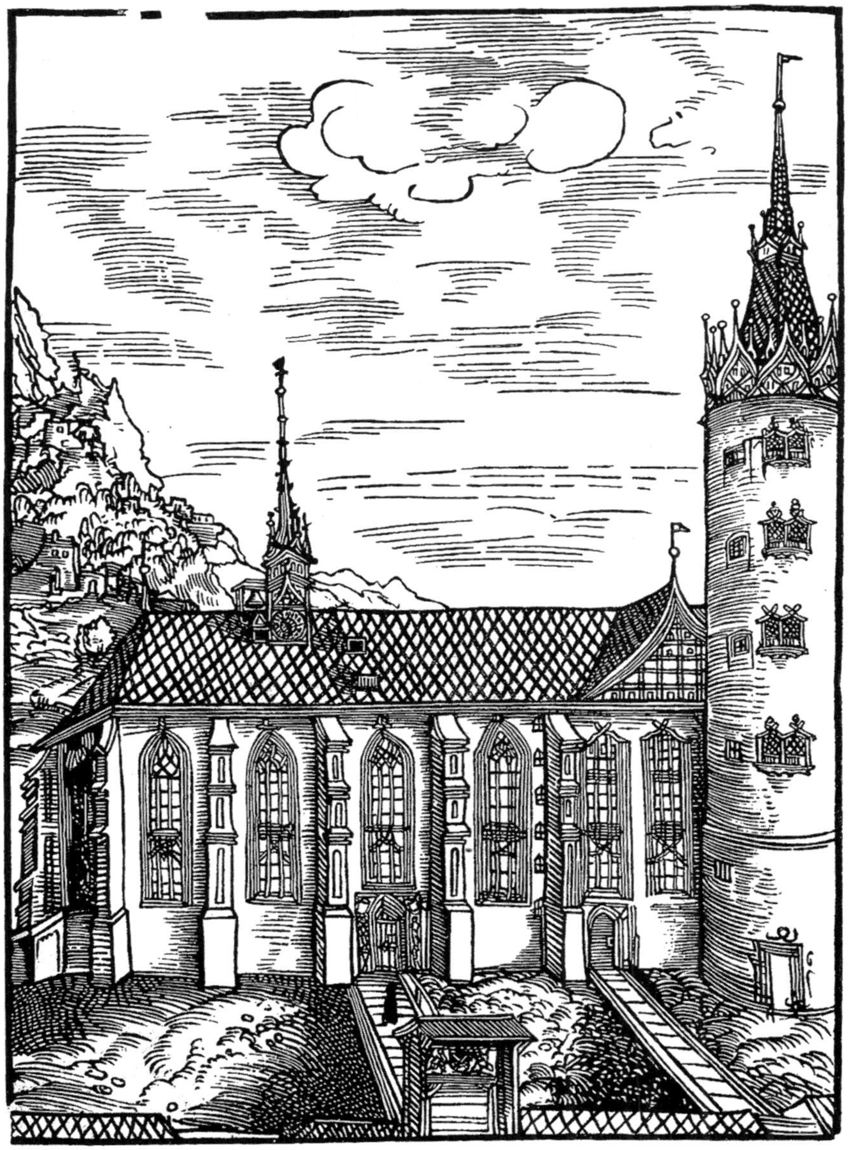

Eine Seite aus dem Wittenberger Heiltumsbuch der Cranach-Werkstatt von 1509

wollen. Dresden, Meißen, Torgau und Altenburg blieben seine bevorzugten Aufenthaltsorte. Das änderte sich mit der Teilung Sachsens unter seinen Enkeln Ernst und Albrecht. Zwanzig Jahre regierten sie gemeinsam, doch wegen zunehmender Uneinigkeit teilten sie 1485 die wettinischen Länder. Als der Erstgeborene erhielt Ernst die Kurwürde mit dem „Kurkreis" um Wittenberg, dazu Teile Thüringens. An Albrecht fiel die Markgrafschaft Meißen mit den bedeutenden Städten Meißen, Dresden und Leipzig. Diese „Leipziger Teilung" hat den Staat der Wettiner sehr geschwächt, denn damit entstanden zwei konkurrierende sächsische Herrscherhäuser. Die Nachkommen des Kurfürsten Ernst nannte man die „Ernestiner", die des Herzogs Albrecht „Albertiner". Schon ein Jahr nach der Teilung starb Ernst. Ihm folgte sein später berühmt gewordener Sohn Friedrich der Weise (1486–1525) und machte die alte Kurstadt Wittenberg zur Hauptresidenz für das ernestinische Sachsen.

Abb. vordere Umschlagseite ➢

Abb. Seite 8

Die neue Schlosskirche Friedrichs des Weisen

Der Zustand der alten Askanierburg in Wittenberg muss Ende des 15. Jh. so kläglich gewesen sein, dass Friedrich sie mitsamt ihrer Allerheiligenkapelle 1489 abreißen ließ. Ein großzügiger Neubau im Übergangsstil von der späten Gotik zur Renaissance entstand. Zwei starke Rundtürme, einer an der Südwest-, der andere an der Nordwestecke, gaben der Anlage etwas Imponierendes. Sie sind im Kern noch erhalten. Der Gesamtplan ging vielleicht auf den Baumeister Konrad Pflüger zurück, einen Schüler Arnolds von Westfalen, der ab 1471 die alte Meißener Burg zur „Albrechtsburg" umbaute. Wie dort traten nun beim Bau des Wittenberger Schlosses Prachtentfaltung und Wohnlichkeit gegenüber Wehrhaftigkeit in den Vordergrund, und es finden sich die für Arnolds Stil typischen Vorhangbogenfenster und Zellengewölbe. Im Inneren entstanden helle, mit Gemälden geschmückte, repräsentative Säle. In einer besonderen „Stammstube" ließ Friedrich die Porträts seiner Vorfahren anbringen. Es gab Stuben und Schlafkammern mit Öfen, Kaminen und „heimlichen Gemächern" (Aborten). Auch Vorratskammern im Erdgeschoss, ein Gefängnis, eine Folter- und eine „Silberkammer" in den Kellergewölben fehlten nicht. Zu den oberen Stockwerken führten breite, massive Wendeltreppen, die ihr Licht durch offene Arkaden vom Schlosshof her erhielten und heute noch vorhanden sind. Ansonsten erlitt dieser wichtige mitteldeutsche Schlossbau in den Kriegen des 18. und 19. Jh. schwere Zerstörungen und wurde schließlich nach 1815 zur Kaserne umgebaut.

Abb. Seite 9 ➢

Der zur Straße hin gelegene Nordflügel des Schlosses entstand zwischen 1496 und 1509 als neue Schlosskirche. Ihr Rohbau könnte auf Grund der am Scheitel des Thesenportals noch lesbaren Jahreszahl „1499" schon nach drei Jahren fertig geworden sein. Die erneute Weihe zu einer Allerheiligenkirche vollzog der römische Kardinal Raimund Peraudi am 17. Januar 1503, denn immer noch unterstand die Kirche der direkten Aufsicht des Heiligen Stuhls. Erst nach der Weihe wurde mit der Einwölbung begonnen. Ein um 1509 geschaffener Holzschnitt aus der Cranach-Werkstatt zeigt uns die ursprüngliche Außenansicht der Kirche und des Schlossturms an ihrer Seite. Dem Innenraum gab Baumeister Konrad die Form eines 53 m langen, nur 13 m breiten und etwa 22 m hohen Saals, den er mit einem schlichten Netzgewölbe überspannte. Die Gewölberippen entsprangen aus Wandkonsolen. Die hohen Emporen wurden von gedrückten Bögen getragen, die auf gekehlten Wandpfeilern ruhten. Eine ähnliche Kapelle ließ sich Friedrichs Bruder Ernst, Erzbischof von Magdeburg, etwa zur gleichen

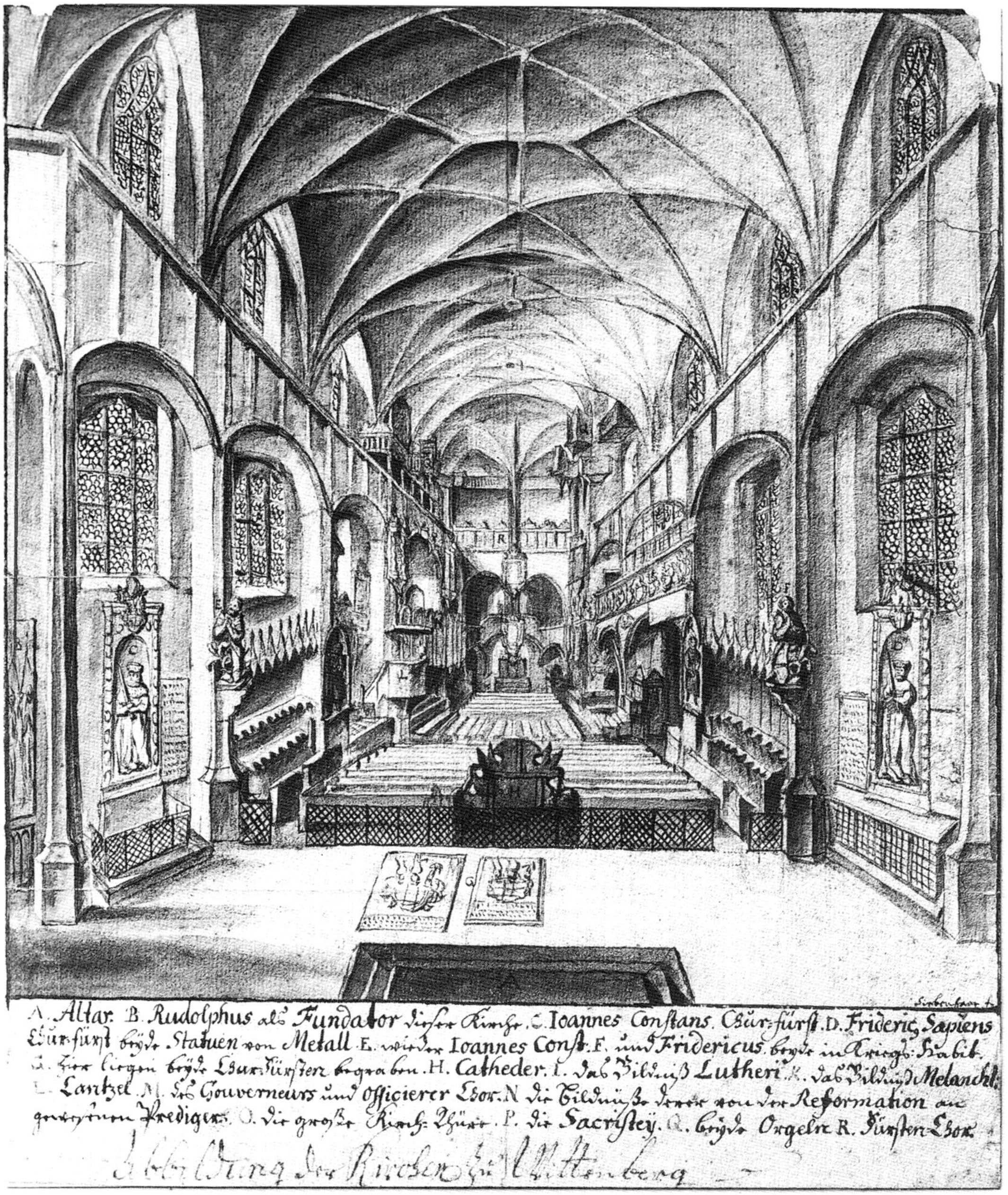

Innenansicht der Kirche um 1730, Zeichnung von M. A. Siebenhaar

Zeit in seiner Moritzburg in Halle bauen.
Friedrich hörte, wie berichtet wird, täglich die Messe, liebte Kirchenmusik und die bildenden Künste. In seiner Kirche gab es zwei Orgeln. Außerdem unterhielt er mehrere Chöre, die bei besonderen Messen zu singen hatten. Von Albrecht Dürer ließ er sich porträtieren und bestellte bei ihm eine ganze Reihe von Andachtsbildern. Die besten davon sind später an Kaiser und Fürsten verschenkt worden und gehören jetzt zu den Glanzstücken be-

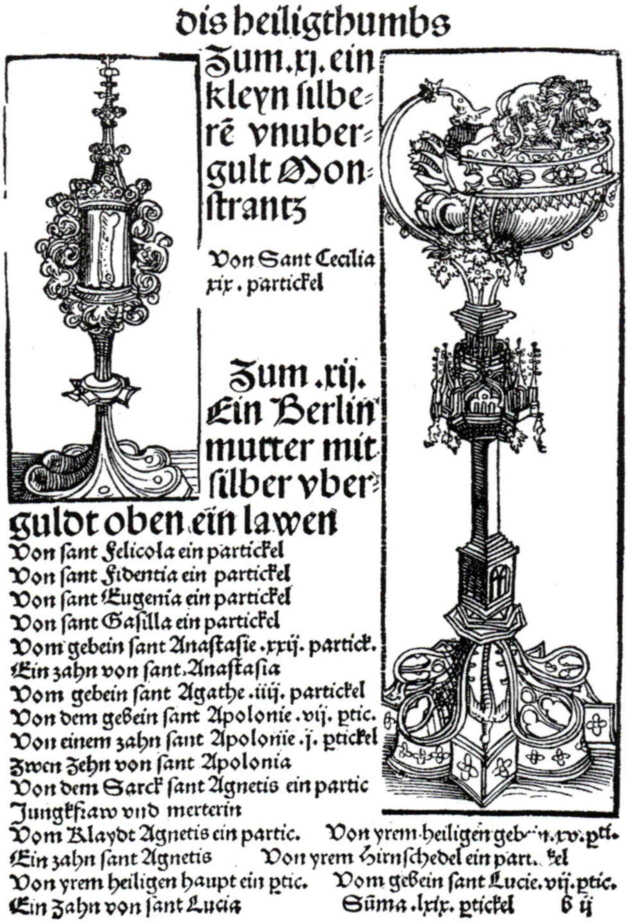
dis heiligthumbs

Zum. xj. ein kleyn silberē vnubergult Monstrantz

Von Sant Cecilia xix. partickel

Zum. xij. Ein Berlinmutter mit silber vbergüldt oben ein lawen

Von sant Felicola ein partickel
Von sant Fidentia ein partickel
Von sant Eugenia ein partickel
Von sant Gasilla ein partickel
Vom gebein sant Anastasie. xxij. partick.
Ein zahn von sant Anastasia
Vom gebein sant Agathe. iiij. partickel
Von dem gebein sant Apolonie. vij. ptic.
Von einem zahn sant Apolonie. j. ptickel
Zwen Zehn von sant Apolonia
Von dem Sarck sant Agnetis ein partic
Jungkfraw vnd merterin
Vom Klaydt Agnetis ein partic.
Ein zahn sant Agnetis
Von yrem heiligen haupt ein ptic.
Ein Zahn von sant Lucia
Von yrem heiligen geb[...]. xv. ptc.
Von yrem Hirnschedel ein part[...]kel
Vom gebein sant Lucie. vij. ptic.
Sūma. lxix. ptickel b ij

Eine Seite aus dem Wittenberger Heiltumsbuch der Cranach-Werkstatt von 1509

kannter deutscher und europäischer Sammlungen. So stammt Dürers „Anbetung der Könige“ in den Uffizien von Florenz aus Friedrichs Kirche. Gleiches gilt von dem jetzt als „Dresdener Altar“ bezeichneten dreiteiligen Marienaltar und dem Zyklus der „Sieben Schmerzen der Maria“ in der Dresdener Gemäldegalerie „Alte Meister“. Auch Dürers „Marter der Zehntausend“ im Kunsthistorischen Museum von Wien soll ursprünglich für die Schlosskirche zu Wittenberg geschaffen worden sein.

Abb. Seite 64 links

1505 holte der Kurfürst Lucas Cranach als Hofmaler nach Wittenberg. Der schuf um 1506 für den kleinen ehemaligen Westchor der Kirche einen seiner schönsten Marienaltäre, den „Fürstenaltar“, der auf seinen Seitenflügeln den Fürsten und seinen Bruder mit ihren Schutzpatronen zeigt und sich jetzt im Dessauer „Georgium“ befindet. Von Cranachs Bild für den Hauptaltar, auf dem der von Engeln umgebene Dreieinige Gott dargestellt war, weiß man nur durch Überlieferung. Er wurde ebenso wie ein geschnitztes Kruzifix Tilman Riemenschneiders und eine aus Marmor gearbeitete Mariensäule Conrad Meits durch Feuer vernichtet. „Schloßkirche und Schloß bewahrten die eindrucksvollste Sammlung von Werken deutscher Maler und Bildhauer, die ein Zeitgenosse am Anfang des sechzehnten Jahrhunderts hätte aufsuchen können.“ (Schade, S. 22).

Der Reliquienschatz und das Heiltumsbuch

Als frommer Verehrer der Heiligen und ihrer Reliquien („Überreste“) besaß Friedrich eine der bedeutendsten Reliquiensammlungen seiner Zeit. Zu ihr gehörten neben dem hl. Dorn aus der früheren Kapelle auch Stroh aus der Krippe von Bethlehem, ein Stück von den Windeln Jesu, Splitter vom Kreuz, der Gürtel seiner Mutter Maria, ein Glied der Kette, mit der Petrus einst im Kerker angekettet war, Knochen und Zähne von Heiligen und vieles mehr. Diesen Dingen traute man heilende und heiligende Kraft zu und verwahrte sie in kostbaren Behältnissen (Reliquiaren). Jährlich nach Misericordias (dem 2. Sonntag nach Ostern), später auch zu „Allerheiligen“ am 1. November, fand eine Aufstellung der Reliquien in der Schlosskirche statt. Sie waren nach dem erhaltenen Verzeichnis von 1518 auf zwölf „Gänge“ verteilt, die die andächtigen Besucher unter Führung von Klerikern feierlich abschritten. Dabei wurde auf den Inhalt der einzelnen Gefäße hingewiesen und verkündet, wie viele

Tage und Jahre Ablass für die gläubige Verehrung einer jeden Reliquie gewährt werde.
1509 ließ Friedrich für das „Heiltum“, wie man die Sammlung nannte, das „Wittenberger Heiltumsbuch“ mit dem Titel „Dye zaigung des hochlobwirdigen hailigthums der Stifftkirchen aller hailigen zu wittenberg“ drucken. Es sollte die gerade fertig gestellte Kirche als einen Ort besonderer göttlicher Gnade erweisen und weitere Wallfahrer anziehen. Etwa zehn Exemplare des Buches sind noch vorhanden. Es

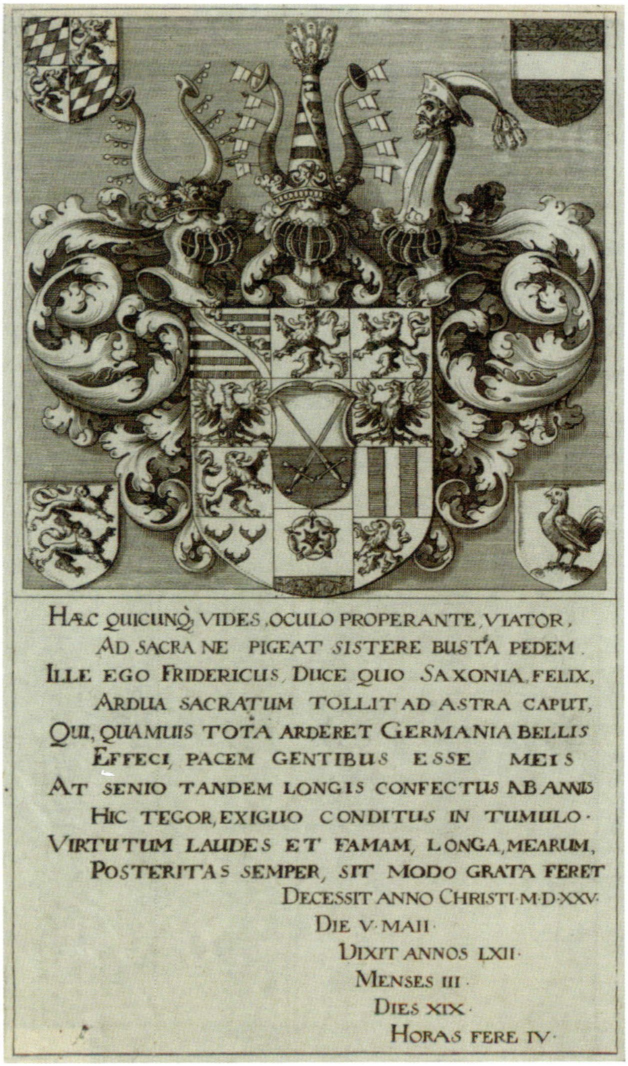

Das kurfürstliche Wappen Friedrichs des Weisen auf seiner Grabplatte vor dem Altar, Kupferstich, 17. Jh.

enthält 120 Holzschnitte der Cranach-Werkstatt, die die Reliquiare abbilden. Ihr Inhalt wird genau aufgezählt und am Ende mit insgesamt 5005 Reliquien bzw. Teilen davon („Partikel“) angegeben. Ein Teil einer Reliquie galt als ebenso wirksam wie die ganze. In den folgenden Jahren verdreifachte Friedrich ihre Zahl und erhielt dafür vom Papst weitere Ablassprivilegien. „Keine oder selten eine Woche vergeht, in der nicht etwas Neues zur Ausschmückung und Vermehrung des heiligen Schreines [...] herbeigebracht wird. Bald sind es goldene und silberne Bilder, Kreuze und Tafeln und schon wahrhaft unzählige Reliquienpartikel.“ (Meinhardi-Treu, S. 142). So rühmt eine 1508 gedruckte Beschreibung Wittenbergs die Kirche und ihren Heiltumsschatz. Seinen Ablasswert berechnete der Hofprediger Georg Spalatin 1520 auf 1.902.202 Jahre und 270 Tage.
Luther kritisierte die teure Sammelleidenschaft des Fürsten als ein falsches Vertrauen auf „tote Dinge“. Als Friedrich durch die Tumulte der Wittenberger Bilderstürmer in Bedrängnis geriet, schrieb ihm der Reformator im Februar 1522 von der Wartburg aus: „Eure fürstliche gnaden hatt nu lange Jahr nach heyligthum inn alle land bewerben lassen, aber nu hatt Gott e. f. g. begierd erhoret unnd heym geschickt on alle kost unnd muhe eyn gantzs creutz mit negelln, speren unnd geyssellln.“ (Clemen 6, 98). Diese Deutung seiner Anfechtungen als echte „Kreuzreliquien“ muss Friedrich so beeindruckt haben, dass er ab 1523 seine Sammlung nicht mehr ausstellen ließ. Dennoch wollte er den Schatz sorgfältig aufbewahrt wissen. Nach seinem Tod jedoch gab Kurfürst Johann der Beständige (1525–1532) aus Geldnot Anweisung, die goldenen und silbernen Reliquiare zum Einschmelzen in die Münze zu bringen. Herrliche Werke der Goldschmiedekunst wurden auf diese Weise zerstört. Nur von ganz wenigen der eigentlichen Reliquien ist bekannt, wo sie verblieben sind.

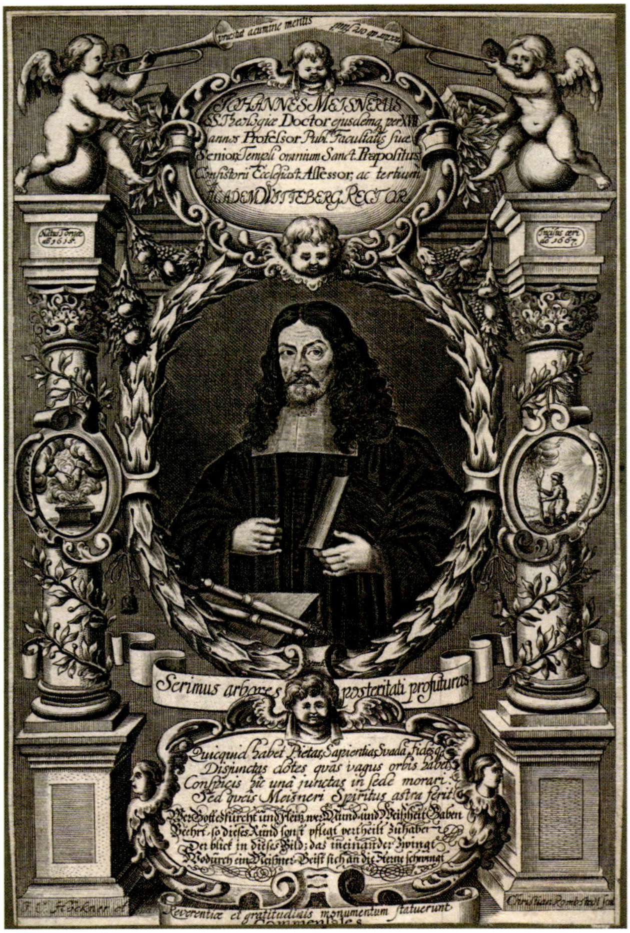

Johannes Meisner (1615-1684) wurde als Professor der Theologie und Propst in der Schlosskirche begraben, Kupferstich von 1667

Universitätskirche und Ruhestätte der Gelehrten

In Humanistenkreisen rühmte man Friedrich als den „gebildetsten Fürsten seiner Zeit, der unter den Gebildeten ein Fürst sei", weil er zur Förderung der geistigen Bildung in seinem Lande 1502 die Universität in Wittenberg gegründet hatte. Professoren aus Leipzig, Erfurt und Tübingen wurden berufen. Die Hauptrolle bei der Finanzierung spielten die reichen Einkünfte des Allerheiligenstifts der Schlosskirche. Sie wurden der Universität zugeführt, indem man möglichst nur noch akademisch gebildete Männer in den Genuss der Stiftsherrenpfründen kommen ließ, die dann Vorlesungen zu halten hatten. Außerdem mussten die beiden Wittenberger Klöster gegen schmale Vergütung gelehrte Mönche als Hochschullehrer stellen. Einer von ihnen war Luther, den das Erfurter Kloster der Augustiner-Eremiten dazu 1508 vorübergehend, 1511 dann auf Dauer nach Wittenberg entsandte.

Abb. Seite 30 ➢

1507 bestimmte Friedrich die Schlosskirche mit kirchlicher Erlaubnis zur Universitätskirche. Von da ab fanden in ihr auch die akademischen Gottesdienste, die Reden der Rektoren, die Doktorpromotionen (wohl auch die Luthers am 19. Oktober 1512), die Disputationen und Dichterkrönungen statt. 1518 hielt dort der als Lehrer des Altgriechischen aus Tübingen berufene Humanist Philipp Melanchthon (1497–1560) seine berühmte Antrittsvorlesung „Über die Neugestaltung des akademischen Studiums". Er wurde Luthers wichtigster Mitarbeiter. Auch die Trauerfeiern für die Kurfürsten Friedrich (1525) und Johann (1532), für hohe Beamte und akademische Lehrer fanden in der Kirche statt. Die Särge der Fürsten wurden in ein besonderes Gewölbe unter dem Chor gebracht. Die übrigen Würdenträger wurden im Boden des Kirchenschiffs begraben. Nach seinem Tod in Eisleben (1546) brachte man Luthers Leichnam sofort nach Wittenberg und beerdigte ihn nahe der Kanzel. Melanchthon fand sein Grab 1560 neben der Thesentür. Bis zur letzten Bestattung (1801) sind über 90 Personen, darunter etwa 75 akademische Lehrer und ca. zwölf ihrer Frauen, in der Kirche begraben worden, so dass schließlich fast der ganze Fußboden aus Grabplatten und darunter liegenden Grabkammern bestand. Als man 1885 den Boden öffnete, um den Zustand der Fundamente zu untersuchen, kamen lange Gräberreihen zum Vorschein. Nahezu 40 Grabplatten stellte man draußen an der Chorwand auf. Einige sind sehr abgetreten, auf anderen sind noch heute die Inschriften zu lesen.

Tetzels Ablasshandel und Luthers Protest beim Erzbischof

Mit seinen Thesen erhob Luther nicht den Anspruch, ein fertiges Programm für die längst auf Reichstagen geforderte Reformation der Kirche „an Haupt und Gliedern" zu bieten. Er wollte zunächst nur in einer „Disputation" mit Fachkollegen der Universität die spezielle Frage erörtern, „was die Lehre vom Ablass wäre". Dazu gehörte die Veröffentlichung von lateinischen Thesen (Streitsätzen). Den aktuellen Vorgang in Wittenbergs Nähe, der ihn dazu trieb, hat Melanchthon 30 Jahre später mit drastischen Worten geschildert:

„In diesen Gegenden betrieb den Ablaßhandel der Dominikaner Tetzel, ein ganz schamloser Betrüger, dessen gottlose und verruchte Predigten Luther derart erbitterten, dass er in glühendem Glaubenseifer Thesen über den Ablaß, [...] bekanntgab und sie öffentlich an die dem Wittenberger Schloß benachbarte Kirche am Vortage des Allerheiligenfestes [31.10.] im Jahre 1517 anschlug" (Volz, S. 29).

Luther ging gegen Johann Tetzel auf zweierlei Weise vor: Am 31. Oktober 1517 schrieb er einen höflichen Beschwerdebrief an Albrecht, den Erzbischof von Mainz und Magdeburg (1513–1545) und verantwortlichen Auftraggeber Tetzels. Diesem Brief legte er die 95 Thesen bei. Albrecht antwortete allerdings nicht, sondern gab das Schreiben an die Kurie in Rom weiter, damit man von dort aus den „vermessenen Mönch" zum Schweigen bringe. Doch das gelang nicht, weil Luther bald darauf – wann, das ist unter den Historikern umstritten – die Thesen für eine Disputation veröffentlichte. Zwar kam diese nicht zustande, weil sich dazu vermutlich aus Vorsicht kein gelehrter Doktor als „Opponent" meldete. Dafür erlebte Luther von einer anderen Seite her ein überwältigendes Echo: Ein Unbekannter, der die Sätze in die Hand bekommen hatte, ließ sie drucken und verbreiten. „Aber ehe 14 Tag vergingen, hatten diese propositiones [Thesen] das ganze Deutschland und in vier Wochen schier die ganze Christenheit durchlaufen, als wären die Engel selbst Botenläufer und trügen's vor aller Menschen Augen." (nach Volz, S. 140) So hat es Luthers Freund Friedrich Myconius geschildert. Als Plakatdrucke und in Buchform erschienen die Thesen in Leipzig, Nürnberg und Basel. Bald entstanden auch deutsche Übersetzungen.

Das mittelalterliche Buß- und Ablasswesen

Das Ablasswesen hatte sich von der Zeit der Kreuzzüge an als ein Teil der kirchlichen Bußpraxis entwickelt. Ohne Buße – das war allgemeine Überzeugung – bleibt der Mensch, wenn er nicht gerade wie ein Heiliger lebt, als Sünder der ewigen Verdammnis ausgeliefert. Zwar erlangt er in der Beichte durch die Absolution des Priesters die Vergebung Gottes, die seine unsterbliche Seele im Jüngsten Gericht vor der Hölle bewahrt. Doch ist mit der Vergebung die der Sündenschuld zwangsläufig folgende göttliche Strafe noch nicht getilgt, sondern nur umgewandelt: Aus der zu erwartenden „ewigen Strafe" werden „zeitliche Strafen", die ihn als Verluste, Krankheiten, Pestepidemien, Kriegselend und weiteres Unheil treffen. Erst wenn der Mensch nach dem Maß seiner Kräfte der göttlichen Gerechtigkeit für seine Sünden durch Werke der Buße (Fasten, Beten und Almosen)

Seite 17:
Das neu gestaltete
und 1858 eingeweihte
Thesenportal

„Genugtuung" geleistet hat, kann er auf Schonung und ewiges Leben hoffen. Ist er dabei säumig, droht seiner Seele nach dem Tod das „Fegfeuer". Damit war ein unterirdischer Strafort gemeint, in dem die Seelen der Verstorbenen solange zu leiden haben, bis sie von aller sündlichen Unreinheit befreit in den Himmel aufsteigen dürfen. Man sagte, dass eine Stunde im Fegfeuer schrecklicher sei als tausend Jahre irdischer Pein. Die Gläubigen lebten also in großer Angst davor, dass Krankheit oder ein überraschender Tod sie daran hindern könnten, sich noch rechtzeitig durch eine Beichte und folgende Bußwerke zu reinigen und ihre Seele vor dem Fegfeuer zu bewahren.

Nun versprach der päpstliche „Jubiläumsablass", den Tetzel und seine Kollegen predigten, den Gläubigen „vollen Erlass aller Strafen" gegen eine Geldzahlung für den Weiterbau des Petersdomes in Rom. Die Unterstützung dieses überaus kostspieligen Bauwerks galt als gottgefällig, weil es über den Gräbern der Apostel Petrus und Paulus errichtet wurde. Wer Ablass kaufte, erhielt einen „Beichtbrief" („Ablasszettel"), in den die gezahlte Geldsumme eingetragen wurde. Tetzel musste von Königen und Fürsten 24 Goldgulden, bei armen Leuten einen halben Gulden kassieren und dem Erzbischof Albrecht nach Abzug der Unkosten abliefern. Mit dem Beichtbrief konnte sich der Gläubige durch einen mit besonderen Vollmachten ausgestatteten Beichtvater einmal im Leben und noch einmal in der Todesstunde von allen seinen Sünden absolvieren lassen. Damit waren dann nicht nur die Sünden vergeben, sondern auch die Strafen getilgt. So drohte die Buße bei vielen zu einer Geldzahlung zu verkommen. Besonders deutlich wurde das daran, dass die Päpste die Möglichkeit eingeräumt hatten, für Verstorbene (z.B. Vater und Mutter) einen Ablassbrief zu erwerben, um ihre Seelen von den Fegfeuerqualen zu befreien. Aus dieser Praxis erklärt sich der berühmte, Tetzel zugeschriebene Spruch: „Sobald das Geld im Kasten klingt, die Seele aus dem Feuer springt!"

Luthers Ablasskritik in den Thesen

Aus der Fülle der Argumente, die Luther in den Thesen gegen den Ablass vorbringt, seien vier hervorgehoben:

1. Jesus hat seine Verkündigung des Gottesreichs mit der Mahnung verbunden: „Tut Buße!" (Mt 4,17). Luther legt das als eine Forderung nach einer *lebenslangen, ständigen* Buße aus (These 1). Die von der Kirche geforderte regelmäßige Beichte und das Ableisten der vom Priester dabei auferlegten Bußstrafen erfüllen noch nicht Jesu Wort, das doch die Umkehr zu Gott und das willige Tragen des jedem Christen auferlegten „Kreuzes" meint (These 2 u. 93–95).
2. Die Vollmacht des Papstes, durch Ablassgewährung *Strafen* zu erlassen, kann sich nur auf die kirchengesetzlichen Strafen beziehen (These 5). Die Strafen, die Gott dem Christen als „Kreuz" auferlegt, kann und darf der Papst nicht erlassen. Das gilt auch für die Fegfeuerstrafen (die Luther 1517 noch nicht in Abrede stellte). Die Vollmacht, zugunsten der Seelen im Fegfeuer Fürbitte bei Gott einzulegen, ist nicht nur dem Papst, sondern *jedem* Seelsorger gegeben (These 20–26).
3. Mit dem Ablasskauf entzieht man den Armen die von Gott gebotene Unterstützung (These 41–47), erkauft sich also damit statt der Gnade den Zorn Gottes.
4. Die Lehre, dass der Papst den Straferlass aus einem besonderen *„Schatz der Kirche"* gewähren könne, den Christus, Maria und die Heiligen mit ihrem gehorsamen Leiden angesammelt hätten, erklärt Luther für fragwürdig (These 56–66). „Der wahre Schatz der Kirche ist das hochheilige Evangelium von Gottes Herrlichkeit und

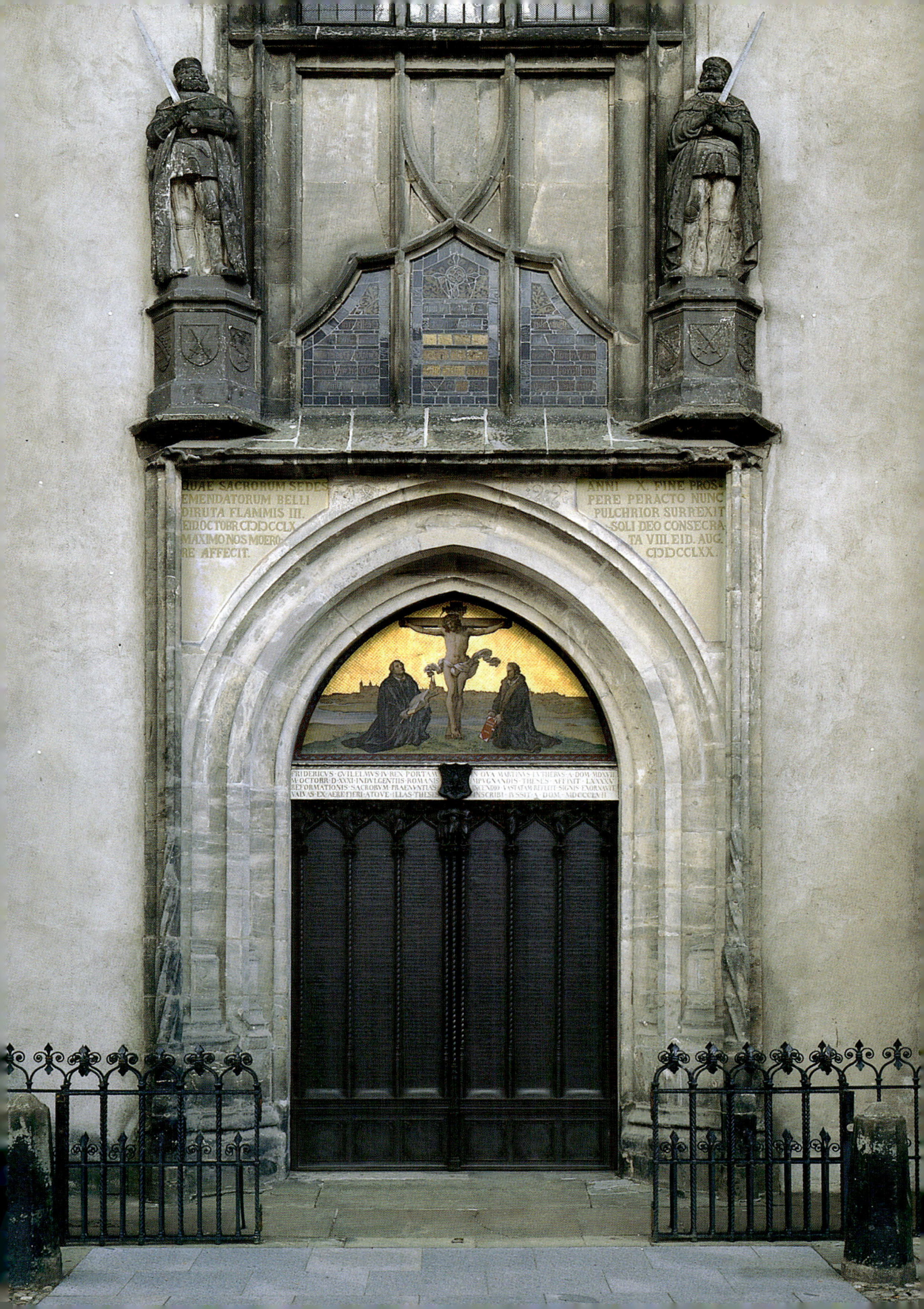
QUAE SACRORUM SEDES
EMENDATORUM BELLI
DIRUTA FLAMMIS III.
EID. OCTOBR. CIƆIƆCCLX
MAXIMO NOS MOERO-
RE AFFECIT.
ANNI X. FINE PROS-
PERE PERACTO NUNC
PULCHRIOR SURREXIT
SOLI DEO CONSECRA-
TA VIII. EID. AUG.
CIƆIƆCCLXX.

Gnade“ (These 62), denn das Evangelium lehrt, dass Gott jedem Christen, der ehrlich bereut, die volle Vergebung umsonst und „ohne Ablassbrief“ schenken will (These 60–68; 36–37).

Der Thesenanschlag – eine Legende?

Rund 400 Jahre war der Bericht Melanchthons vom Anschlag der Thesen an die Tür der Schlosskirche das unangefochtene Zeugnis für den Beginn der Reformation. Doch 1959 äußerte der evangelische Kirchenhistoriker Hans Volz erste Zweifel an der Zuverlässigkeit dieser Nachricht (Volz, S. 28–37). Zwei Jahre später erschreckte sein katholischer Kollege Erwin Iserloh die Öffentlichkeit mit der Hypothese, dass Melanchthon damit eine „Legende“ verbreitet habe. Seine Begründung: „[...] Melanchthon war 1517 noch nicht in Wittenberg, also kein Augenzeuge.“ Und: „Luther selber, aber auch alle protestantischen wie altgläubigen Chronisten in ihren zahlreichen Berichten [vor dem Melanchthons] über den Ablaßstreit wissen nichts von einem Thesenanschlag.“ Ja, Luther versichere doch in seinem Lebensbericht von 1545, er habe seine Absicht, anhand seiner Thesen über den Ablass zu disputieren, zunächst nur dem Erzbischof Albrecht und dem Bischof von Brandenburg mitgeteilt. Albrecht habe ihm nicht geantwortet, der Brandenburger ihm geraten, von der gefährlichen Sache abzulassen. Luther dazu: „Also mißachtet, gab ich meine Disputationsthesen auf einem Plakat bekannt“ (nach Volz, S. 22). Iserloh zieht aus seiner Bestreitung des Thesenanschlags einen für die Beurteilung Luthers positiven Schluss: „Hat der Thesenanschlag nicht stattgefunden, dann wird noch deutlicher, daß Luther nicht in Verwegenheit auf einen Bruch mit der Kirche hingesteuert ist, sondern absichtslos zum Reformator wurde.“ (Iserloh, S. 59–60)

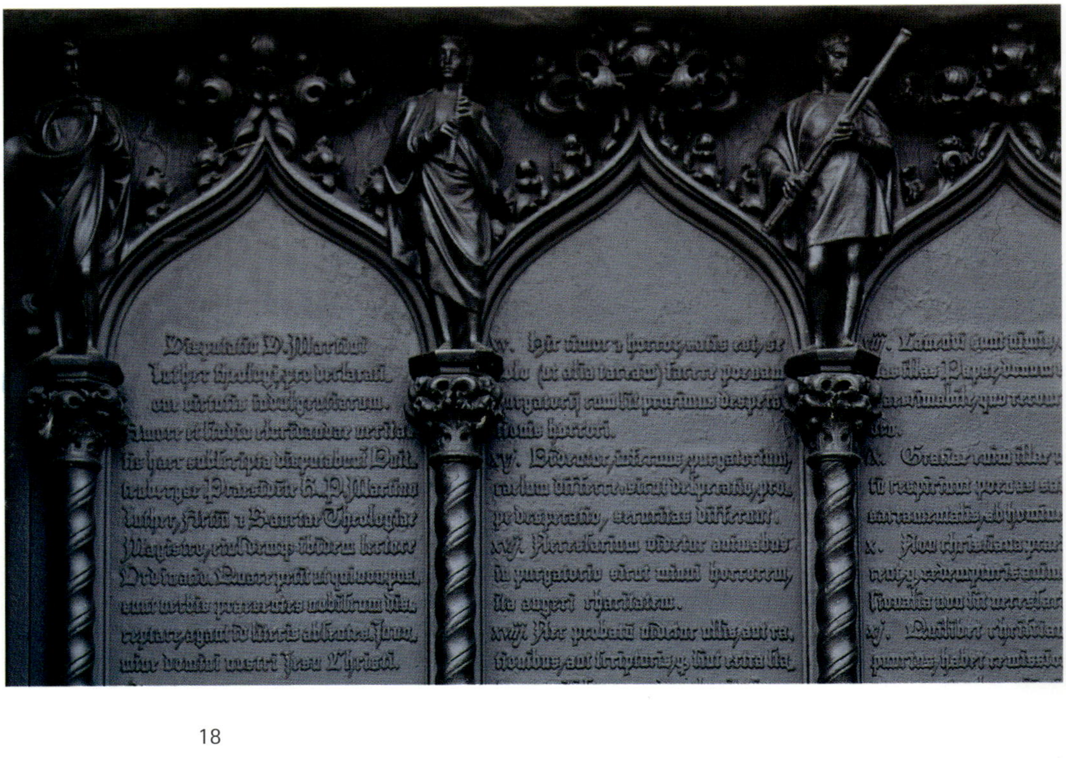

In die Tür eingegossene Schrift der lateinischen Thesen, linker Türflügel (1855)

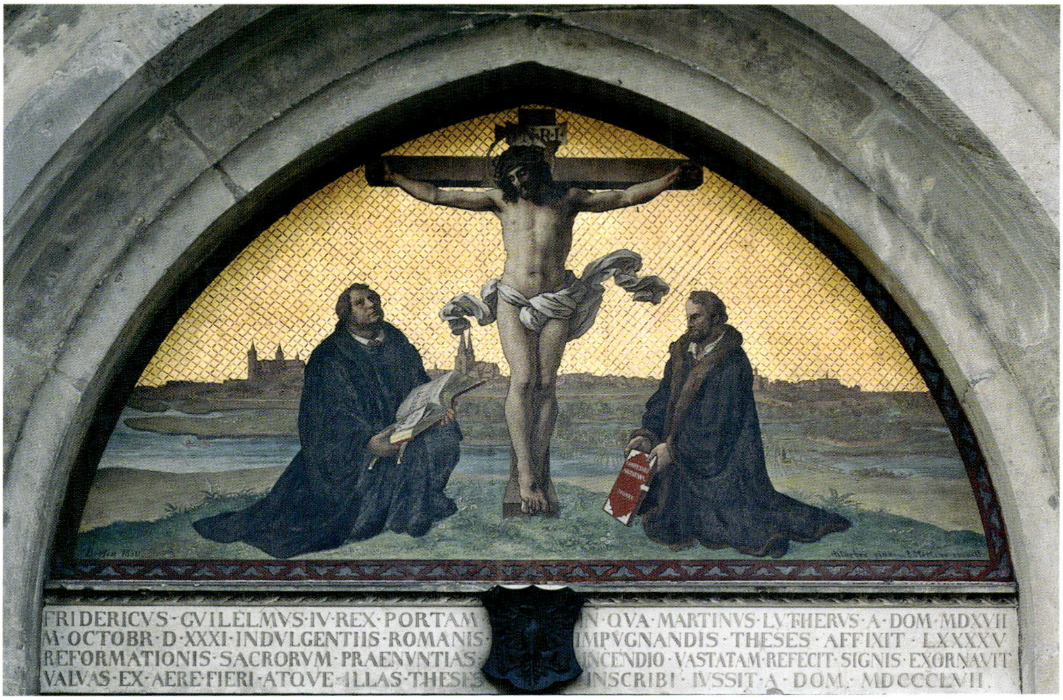

Luther und Melanchthon unter dem gekreuzigten Jesus kniend vor dem Bild der alten Stadt Wittenberg, Gemälde von 1850 im Tympanon der Thesentür

Einige Zeitungen berichteten 1962 über Iserlohs Hypothese gleich so, als wäre sie eine bereits erwiesene Tatsache. Die Hamburger „Welt am Sonntag" titelte z.B.: „Luthers Anschlag der 95 Thesen fand nicht statt." Natürlich brach darüber ein heftiger Streit unter den Kirchenhistorikern aus. Dabei erwies es sich zwar, dass der Thesenanschlag schlecht bezeugt ist, dass aber zwei Tatsachen gegen Iserlohs Legenden-Hypothese sprechen: 1. Im Vorspruch der Thesen kündigt Luther klar eine Disputation über den Ablass an und bittet Gelehrte in Wittenberg und Umgebung um ihre Teilnahme. Dazu hatte er als Doktor an der Universität ein Recht und brauchte seine Sätze nicht zurückzuhalten, bis eine Antwort vom Erzbischof eintraf. Dass er sie bald darauf nach üblichem Brauch an die Tür der Universitätskirche heftete, entsprach dem normalen Gang der Dinge. 2. Bereits Ende November waren die Thesen nachweislich bei sehr vielen in Deutschland bekannt. Diese schnelle Verbreitung ist nach dem Lutherforscher Franz Lau nur als Folge eines öffentlichen Anschlags verständlich. Der Lutherbiograph Martin Brecht geht daher davon aus, dass Melanchthon nur darin irrte, dass er Luthers Brief an Erzbischof Albrecht vom 31. Oktober und den Thesenanschlag als Ereignisse *eines* Tages verstand, in Wirklichkeit der Anschlag „wohl Mitte November" 1517 erfolgte (Brecht 1, S. 197).

Der Kampf um den evangelischen Gottesdienst

Friedrichs schon genannter Hofprediger Spalatin hat einmal berechnet, dass an den etwa 20 Altären der Schlosskirche jährlich fast 10.000 Messen gefeiert wurden. Der überwiegende Teil davon waren „Privatmessen", die auf Wunsch Einzelner für das

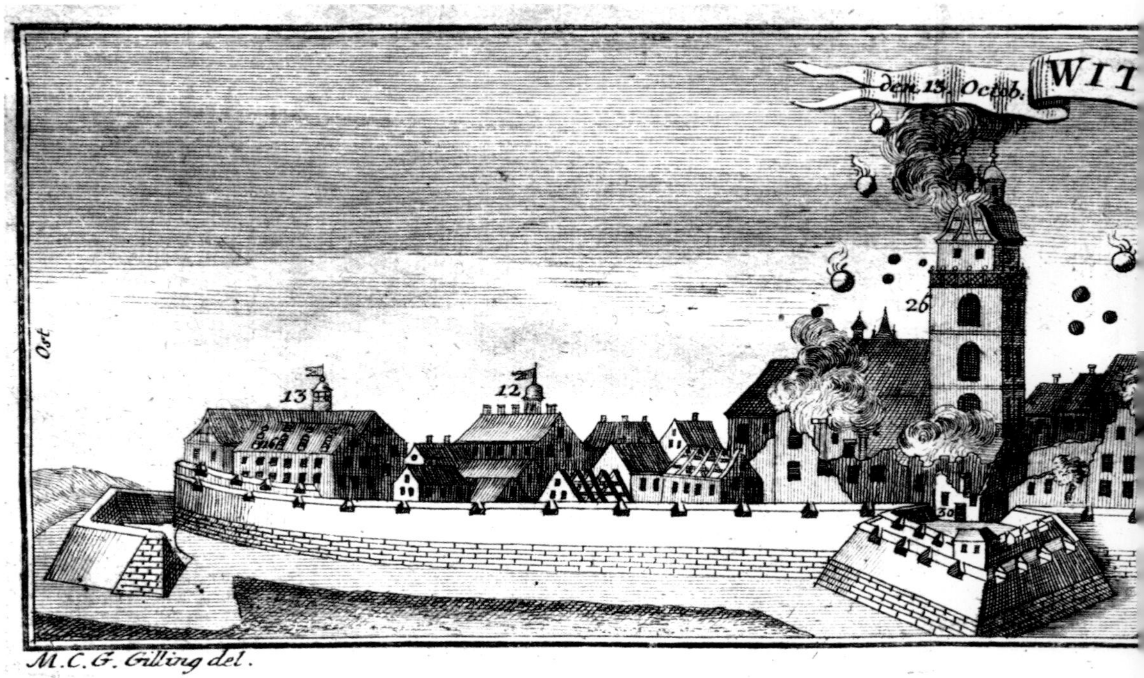

Die Beschießung Wittenbergs am 13.10.1760, Kupferstich von Gilling und Schleuen in Georgis „Klage-Geschichte"

Seelenheil ihrer Verstorbenen von Priestern zu lesen waren. Den Aufwand deckten die Zinsen aus den der Kirche dafür gestifteten Grundstücken, Einkünften und Kapitalien. Zu den bestehenden Stiftungen der ausgestorbenen askanischen Fürsten hatten die wettinischen Fürsten und andere Vermögende noch weitere für sich und ihre Verstorbenen hinzugefügt. Über 80 Personen – die Stiftsherren, deren Vikare, Messdiener und Chorsänger – waren damit beschäftigt. Für die vielen Kerzen, die dabei ständig brennen mussten, verbrauchte man angeblich 66 Zentner Wachs im Jahr.

Luther sah in dieser Praxis eine Verfälschung des christlichen Gottesdienstes, den Jesus mit der Feier des Abendmahls vor seinem Tod eingesetzt habe. Nach der Überlieferung des Neuen Testaments bezeichnete Jesus dabei Brot und Wein als seinen Leib und sein Blut und teilte beides an seine Jüngergemeinde aus (Mt 26,26–28). Die spätere Lehre und Praxis, dass der Priester in jeder Messe die Wandlung von Brot und Wein in Leib und Blut Jesu vermittelt und als Opfer für Lebende und Tote Gott darbringt, hielt Luther für eine frevelhafte Verkehrung der göttlichen Gabe Jesu: Man habe daraus ein „Werk" des Menschen gemacht. Insbesondere die Privatmessen, die von den Priestern meist ohne Beteiligung einer Gemeinde gelesen wurden, waren ihm unerträglich. Mit rabiaten Ausdrücken griff er diese Praxis an und nannte die bezahlten „Winkelmessen" in Friedrichs Kirche eine „[...] gottlose und verderbliche Geldstiftung der Fürsten von Sachsen, [...] eine in ihrem Winkel andauernde Pest". Nicht mehr „das Haus aller Heiligen" sei die Allerheiligenkirche, sondern „ein Haus aller Teufel"! Unterstützt vom Rat, der Bürgerschaft und der Universität forderte er die Stiftsherren wiederholt auf, von der „Liebe zum Geld, das die Messen ihnen einbringen", abzulassen (Clemen 2, S. 441). Friedrich billigte Luthers Vorgehen gegen die Messen in seiner ge-

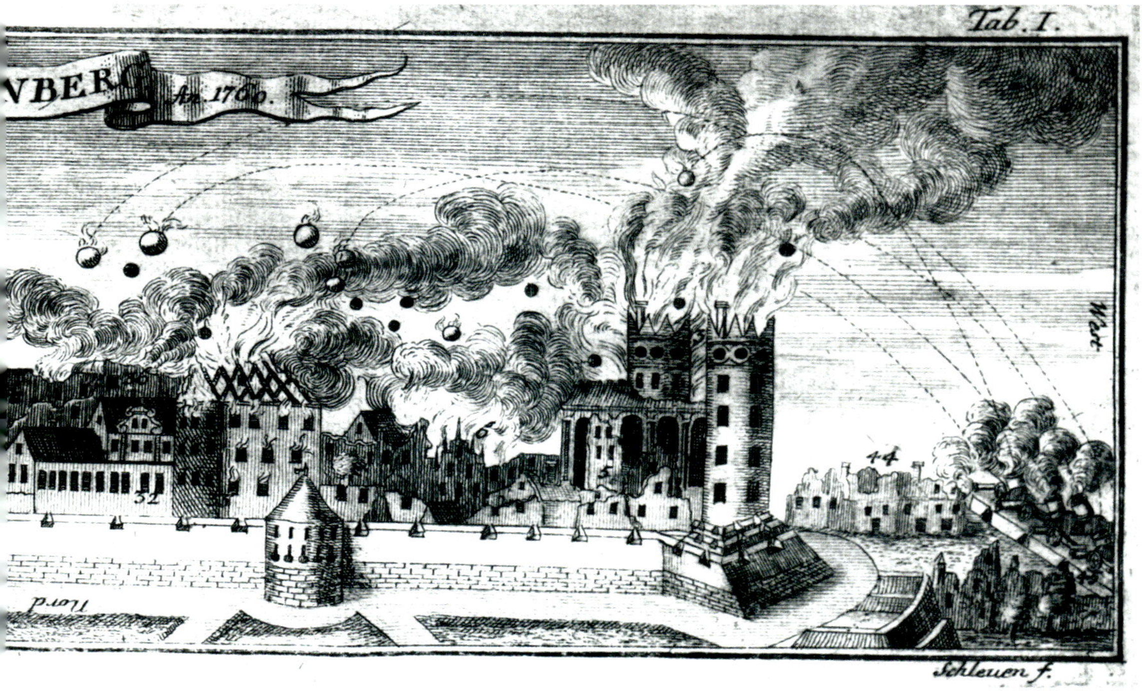

liebten Stiftskirche nicht, scheute aber als Laie in dieser Frage vor einer Konfrontation mit ihm und der Bürgerschaft zurück. So gaben die letzten Verteidiger des alten Messwesens unter den Stiftsherren auf. Weihnachten 1524 stellten sie die Privatmessen ein. Als Friedrich ein halbes Jahr später starb, löste sein Bruder und Nachfolger Johann das bald 200 Jahre bestehende Allerheiligenstift auf. Die erste „Evangelische Messe" ohne Messopfer feierte man nach dem Vorbild der Stadtkirche in der Schlosskirche am 23.9.1525. Zwar geschah das noch in lateinischer, ein Jahr später dann aber in deutscher Sprache (Junghans, S. 102–105).

Festliche Jubiläen und schwere Kriegszeiten

Bewahrung im Dreißigjährigen Krieg

Am 31. Oktober 1617 beging man in Sachsen landesweit und voll Inbrunst den 100. Jahrestag des Thesenanschlags. Durch die Wittenberger Collegienstraße bewegte sich ein prächtiger Zug von Professoren, Studenten und Bürgern zu Festpredigten in die Schloss- und die Stadtkirche. Die feiernden Protestanten ahnten wohl kaum etwas von der Gefahr, die sich über ihnen zusammenbraute. Ein Jahr später brach der Dreißigjährige Krieg aus, in dem ihre Glaubensfreiheit auf dem Spiel stand. Die militärischen Erfolge der Armeen des Kaisers, der die Gegenreformation betrieb, führten zu einer gefährlichen Machtverschiebung. Dieser wollten einige auswärtige Mächte nicht untätig zusehen. Nach der Niederlage des dänischen Königs Christian IV. griff der schwedische König Gustav II. Adolf in den Kampf ein. Er ist als der „Retter des deutschen Protestantismus" in die Geschichtsbücher eingegangen. 1631 zog er mit seiner Armee über die Wittenberger Elbbrücke und beendete zunächst in mehreren Schlachten den Siegeszug der Kaiserlichen. Ein Jahr später jedoch fiel er in der Schlacht von Lützen bei Leipzig. Sein Leichnam wurde einbalsamiert und nach Schweden überführt. Unterwegs stellte man den Sarg eine Nacht in einer der beiden großen Wittenberger Kirchen ab, ob in der Stadtkirche oder in der Schlosskirche (Junghans, S. 147) ist nicht sicher bezeugt. Der Krieg wurde mit zunehmender Grausamkeit aller Parteien weiter geführt. 1637 erschien der schwedische General Banèr mit seiner das Land plündernden Armee, um Wittenberg einzunehmen, scheiterte aber an den Festungswerken. Aus Rache brannte er die unter Friedrich dem Weisen erbaute Elbbrücke ab. 1667 beging man den 150. Jahrestag des Thesenanschlags. Von da an setzte sich die Feier des „Reformationsfestes" jeweils am 31. Oktober in den evangelischen Gebieten allgemein durch.

Im Verlauf des Zweiten Nordischen Krieges (1700–1721) zog erneut ein schwedischer König durch Wittenberg: der streng lutherische Karl XII. Ein Teil seiner Truppen feierte einen Gottesdienst auf dem Marktplatz, Karl besuchte die Schlosskirche und betete an Luthers Grab. Auch sein am Ende siegreicher Gegner, der russische Zar Peter der Große, besuchte 1711 Wittenberg und ließ sich die Schlosskirche und das Lutherhaus zeigen.

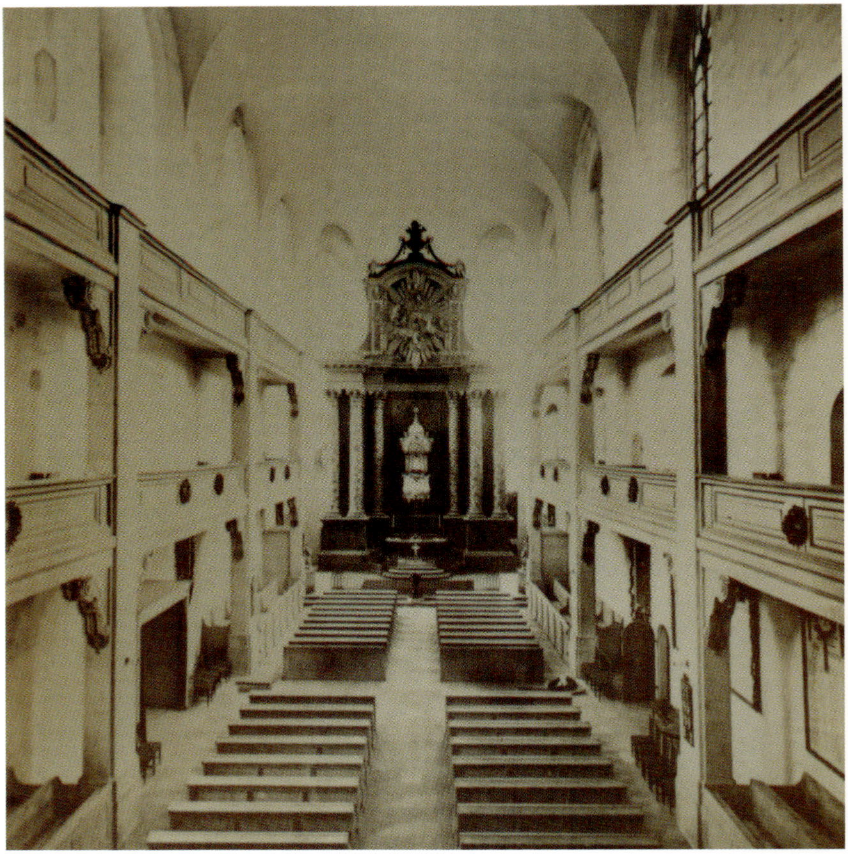

Innenraum der nach dem Brand wiederhergestellten Schlosskirche mit Blick zum Altar, Fotografie von 1880

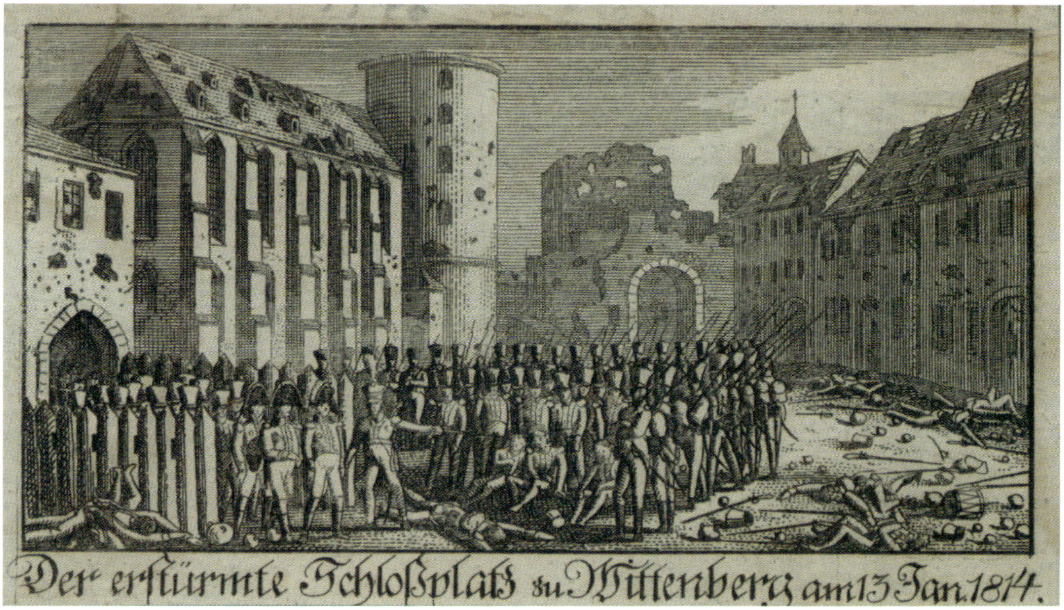

Unter den Augen der siegreichen Preußen geht die französische Besatzung des Schlosses in die Gefangenschaft, Kupferstich von 1815

Zerstörung im Siebenjährigen Krieg und dürftige Wiederherstellung

Am Anfang des Siebenjährigen Krieges (1756–1763) besetzten die Preußen die strategisch wichtige Festung Wittenberg. Eine 1760 heranrückende kaiserliche Armee nahm die hartnäckig verteidigte Stadt am 13. Oktober unter Kanonenbeschuss. Bald brannten ganze Stadtteile. Man zählte hinterher über 300 zerstörte Gebäude, darunter das Schloss und seine Kirche. Von ihr waren nur die Umfassungsmauern und im Innern die Grabmäler aus Bronze und Stein einigermaßen erhalten geblieben. Dass es gerade diese berühmte Kirche der Reformation so getroffen hatte, wurde als schwer begreifliches Gottesgericht empfunden: So „[...] mußte dieser schöne Tempel, aus welchem die Lehre des Evangelii in aller Welt erschollen und ausgebreitet ist, so plötzlich seinen Untergang finden [...]“, klagte der Theologieprofessor Christian Siegismund Georgi in seiner danach verfassten „Wittenbergische[n] Klage-Geschichte“. Zur unverzüglichen Wiederherstellung der Kirche war zwar bei der Universität guter Wille, aber kein Geld vorhanden. Auch die sächsische Regierung in Dresden hatte keine Mittel mehr dafür übrig, nachdem die Preußen dem Lande in jenem Krieg fast 50 Mio. Taler abgepresst hatten. Man musste Jahre warten, bis mit dem Wiederaufbau begonnen werden konnte. Inzwischen sammelte man Spenden in den evangelischen Gemeinden und an den Fürstenhöfen. Eine viel beachtete Gabe kam von der russischen Zarin Katharina II. Endlich stellte die Regierung 1766 die bescheidene Summe von 24.000 Talern zur Verfügung und beauftragte ihren Landbaumeister Christian Friedrich Exner mit der Ausarbeitung der Pläne. Der Zwang zu äußerster Sparsamkeit hinderte Exner daran, seine Idee eines radikalen Umbaus der Kirche im Stil des Barocks zu verwirklichen. Dadurch blieb ihre spätgotische Außenfassade erhalten. Das Ergebnis der schlichten Wiederherstellung im Innern war ein spätbarocker und für

Abb. Seite 20/21

den nüchternen evangelischen Gottesdienst der Aufklärungszeit eingerichteter Abb. Seite 22 Kirchenraum. Das zerstörte gotische Gewölbe wurde durch eine verputzte Holzdecke ersetzt, die eine Tonnenwölbung vortäuschte. Im Chorraum ließ Exner einen gewaltigen hölzernen Kanzelaltar errichten. Zweistöckige hölzerne Emporen an den Seitenwänden sorgten für zusätzlichen Platz. Das Ganze wurde dem hohen künstlerischen Maßstab nicht mehr gerecht, den der Bau Friedrichs des Weisen einst gesetzt hatte.

1770 weihte man die Kirche in einem Festgottesdienst, natürlich nicht mehr „allen Heiligen", wie es 1503 geschehen war, sondern „Gott allein" *(soli deo)*, wie die wohl damals zu beiden Abb. Seite 17 Seiten des Thesentürbogens angebrachte Inschrift betont. Ein Gewinn war es, dass man den schwer beschä- Abb. Seite 23 ➢ digten Schlossturm am Westende im folgenden Jahr zum Kirchturm umbauen durfte. Er erhielt oben einen hölzernen Aufbau mit einer barocken Kuppel. Bald riefen von dort drei neue Glocken wieder zu den akademischen Gottesdiensten.

Das Ende der Universität in Wittenberg und die Gründung des Predigerseminars

Nur noch vier Jahrzehnte sollten Wittenberg und seine Schlosskirche friedliche Stätten akademischen Lernens und Lebens bleiben. Im Befreiungskrieg gegen Napoleon erreichten die Kämpfe 1813 auch die Gebiete an der mittleren Elbe. Im September beschossen preußische Truppen die Festung Wittenberg, konnten aber die französische Besatzung noch nicht zur Übergabe zwingen. Beim Beschuss gerieten die oberen aus Holz mit Kupferverkleidung bestehenden Stockwerke des Schlosskirchenturms in Brand. Ein Augenzeuge hat geschildert, was folgte: „Bald schlug die helle Flamme auf, man sah den Turm eine Zeit lang in voller schöner Gliederung aller Seulen und Absätze kupferroth glühen, und nach dreistündigem furchtbarschönem Schauspiele stürzte die Kupferhaube mit den schönen Glocken und der Uhr auf die benachbarte [...] Propstwohnung, welche gleichfalls in Feuer aufging." (Stier, S. 32)

Wie durch ein Wunder fing das Dach der Kirche dabei nicht Feuer. Die Verteidiger hatten aber ihre Fenster zugemauert und ein Festungswerk aus ihr gemacht. Im Innern hatten sie zwei Rossmühlen zum Kornmahlen aufgestellt, die kunstvoll geschmiedeten Altargitter zerhackt und als Kartätschenladungen gegen die Belagerer verwendet. Erst als ein starker Frost im Januar 1814 das Wasser in den Festungsgräben gefrieren ließ, konnten die Preußen die Stadt erstürmen.

Zu den Beschlüssen des Wiener Kongresses 1815 gehörte es, dass die Hälfte des Königreichs Sachsen an Preußen fiel. Das betraf auch Wittenberg mit seinem „Kurkreis". Der neue Landesherr, König Friedrich Wilhelm III. (1797–1840), forderte seinen Baurat Karl Friedrich Schinkel (1781–1841) umgehend auf, „die Schloßkirche zu Wittenberg, welche als die erste Kirche der Reformation und durch die Grabmahle von Luther und Melanchthon ein unvergängliches lebhaftes Interesse in ihrer Erhaltung erregt", zu besichtigen (dazu und zum folgenden Witte, S. 9–15). Nach einem Besuch Wittenbergs empfahl Schinkel, die Kirche in ihren ursprünglichen Formen wieder herzustellen. Sein großzügiger Plan sah auch eine neue Inneneinrichtung vor. Der barocke Kanzelaltar sollte abgerissen werden. Als das bekannt wurde, schrieb der Wittenberger Generalsuperintendent Carl Ludwig Nitzsch warnend an das preußische Innenministerium: „Diese Veränderung würde unsre, an die herzerhebenden Eindrücke dieses Altars gewöhnten Einwohner ganz ungemein empören; [...]." Aus Rücksicht darauf begnügte sich

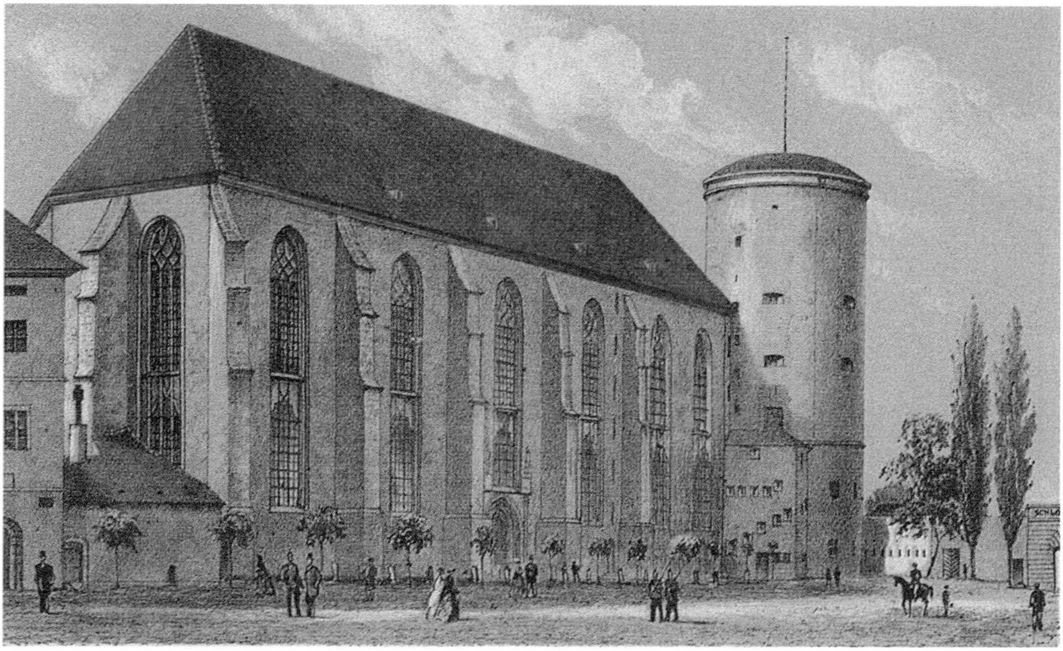

Schlosskirche um 1870 mit der Kanonenbastion an ihrer Westseite, Zeichnung und Lithografie von R. Geißler

die preußische Regierung mit einer schlichten Reparatur der Kirche. Das leider stark zerstörte Schloss verwandelten die Militärs in eine Kaserne und feste Zitadelle. Der vom Brand übrig gebliebene Stumpf des Turms wurde der Kirche nicht zurückgegeben, sondern zu einer hässlichen Kanonenbastion umgebaut.
Der Übergang Wittenbergs an Preußen hatte auch für die Universität gravierende Folgen: Am 12. April 1817 ordnete der König ihren Umzug nach Halle und die Vereinigung mit der dort seit 1694 bestehenden preußischen Friedrichs-Universität an. Wittenberg sollte weiterhin eine Festung und Garnisonsstadt bleiben, deren Reglement sich mit studentischem Leben schlecht vertrug. Den Schmerz der Bürger über diesen Verlust linderte der neue Landesherr dadurch, dass er als Ersatz in der Stadt ein „lutherisches Predigerseminarium“ gründete. Am 1. November 1817 (300 Jahre nach dem Beginn der Reformation) kam er selbst zum Festgottesdienst in die schlicht wieder hergestellte Schlosskirche und eröffnete anschließend das Seminar. Es erhielt seine Räume im „Augusteum“, dem Vordergebäude des Lutherhofs, und die nach dem Verlust der Universität funktionslos gewordene Schlosskirche als eigene Predigtstätte.
Das „Evangelische Predigerseminar“, wie heute sein offizieller Name lautet, besteht seitdem als wichtige Ausbildungsstätte der Kirche. Es nimmt angehende Pfarrer und (seit 1960) auch Pfarrerinnen sowie Gemeindepädagoginnen und Gemeindepädagogen auf, die sich auf den ordinierten Verkündigungsdienst vorbereiten. Sie kommen aus verschiedenen Landeskirchen Deutschlands. Im Seminar wird ihre praktische Ausbildung in einer Kirchengemeinde durch Erfahrungsaustausch, Übung, praktisch-theologische Reflexion und geistliches Leben begleitet und gefördert.

Die neue Thesentür

Auch der nächste preußische König, Friedrich Wilhelm IV. (1840–1861), zeigte sehr bald besonderes Interesse für die Schlosskirche. 1844 gab er seine Absicht kund, ihr eine neue Thesentür als Ersatz für die 1760 verlorene zu stiften. Es sollte aber nicht einfach die ursprüngliche Holztür nachgebildet, sondern ein künstlerisches Denkmal für Luthers Tat geschaffen werden: eine Tür aus Bronze mit den 95 Thesen in erhabener und vergoldeter Schrift darauf. Den Entwurf dazu machte der Konservator der preußischen Kunstdenkmäler Ferdinand von Quast (1807–1877). Ihm war klar, dass das erhaltene spätgotische Sandsteinportal von 1499 „[...] aufs sorgsamste konserviert werden mußte; der Werth ist hier aber vor Allem der, daß dieselben Steine in ihrer noch jetzt vorhandenen Zusammenstellung die Zeugen der großen Thaten Gottes waren, welche hier geschehen sind; [...]“ (von Quast, S. 52). Außerdem schlug er vor, über dem Portal Sandsteinfiguren der Kurfürsten Friedrich und Johann aufzustellen, die ja zum Schutz der reformatorischen Bewegung gegen alle Widersacher bereit gewesen seien. Um den langen Thesentext übersichtlich auf den Türflügeln unterzubringen, teilte er ihre Flächen durch schmale, gewundene Säulen in je drei senkrechte Spalten auf. Der obere Rand der Türflügel sollte mit neun Figuren junger Musikanten geschmückt werden, „[...] da es ja vorzugsweise die Musik in ihrer edelsten der Kirche dienenden Thätigkeit war, welche zur Verbreitung der Reformation so wesentlich beitrug [...]“ (S. 54). Der König genehmigte den Entwurf grundsätzlich, doch zogen einige Probleme die Ausführung fast noch anderthalb Jahrzehnte in die Länge.

Abb. Seite 17

Abb. Seite 19 ➣

Abb. Seite 18

Eins der Probleme war die Frage, ob man die Thesen im lateinischen Original oder in deutscher Übersetzung auf der Tür wiedergeben sollte. Um nicht einen Streit der Gelehrten über die korrekteste Übersetzung abwarten zu müssen, entschied man sich für den lateinischen Originaltext und wählte zu seiner Darstellung die neugotische Minuskelschrift. Dann ließ die Revolution von 1848 dem König aber lange keine Muße, abschließende Entscheidungen zum Türprojekt zu treffen. So konnte der Berliner Erzgießer Ludwig Friebel erst 1855 den Guss ausführen. Die Entwürfe zu den Bronzefiguren der Musikanten machte der Bildhauer Friedrich Drake, ebenso zu den Steinfiguren der Fürsten über dem Portal, die Friedrich Wilhelm Holbein ausführte.
Der Berliner Maler August von Klöber schmückte das Bogenfeld über den Türflügeln mit einem Gemälde, dessen Farben durch ein chemisches Verfahren witterungsfest gemacht wurden. Als Vorlage diente ihm ein Holzschnitt Lucas Cranachs d.J. (1515–1586) von 1546, der Luther und Kurfürst Johann Friedrich den Großmütigen (1532–1547) kniend unter dem Gekreuzigten zeigt. Die Gestalt des Fürsten ersetzte von Klöber nun durch Luther, auf die andere Seite malte er Melanchthon. Beide präsentieren ihr jeweils bekanntestes Werk wie Opfergaben: Luther seine deutsche Bibelübersetzung, Melanchthon das 1530 wesentlich von ihm verfasste „Augsburger Bekenntnis“. Der Hintergrund des Bildes zeigt die Elbe mit dem historischen Weichbild Wittenbergs. An den königlichen Stifter der neuen Tür erinnern der Preußenadler und eine lateinische Inschrift auf dem oberen Querbalken. Die Inschrift lautet übersetzt: „König Friedrich Wilhelm IV. hat die durch Feuer vernichtete Tür, an die Martin Luther am 31. Oktober 1517 im Kampf gegen die römischen Ablässe die 95 Thesen als Vorboten der Reformation

Die Kuppel des neuen Schlosskirchenturms von 1892 in Form einer Kaiserkrone mit dem Schriftband des Lutherchorals

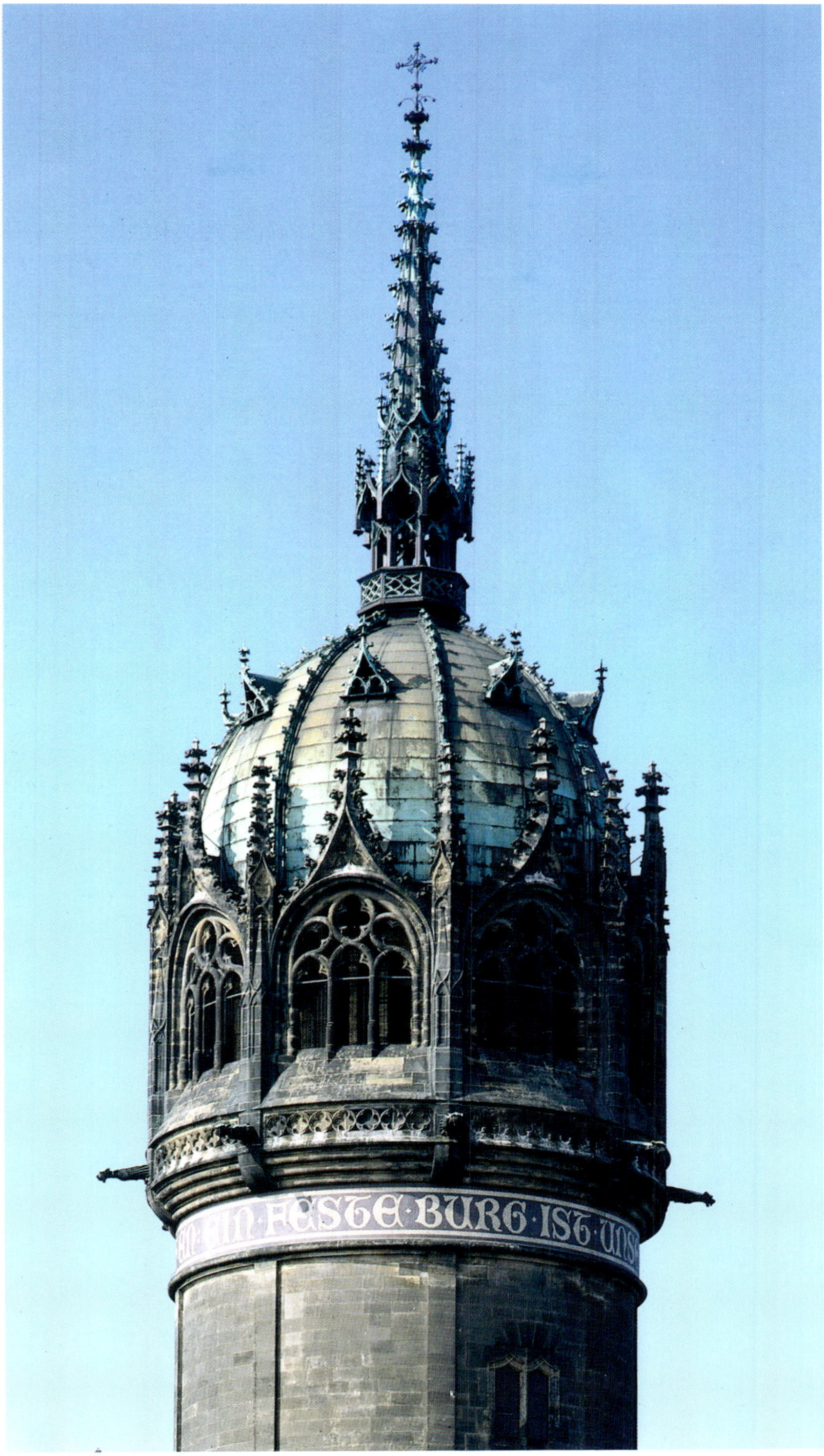

Seite 29:
Turm und Nordfassade der Schlosskirche in der Gestaltung von 1892

der Kirche einst anschlug, neu anfertigen und mit Figuren schmücken lassen. Er hat befohlen, die Türflügel aus Erz zu gießen und die Thesen darauf zu setzen im Jahre des Herrn 1857."
Dieses Datum gibt die zunächst geplante Fertigstellung der Tür an. Tatsächlich wurde sie aber erst ein Jahr später vollendet, doch konnte der König nach einem Schlaganfall sie nun nicht mehr persönlich übergeben. Aus Pietät setzte man daraufhin das letzte Jahr seiner Regierungsfähigkeit in die Inschrift ein. Die eigentliche Übergabe vollzog von Quast am 10. November 1858 (Luthers Geburtstag). Die Kosten der Neugestaltung des ganzen Portals betrugen 12.000 Taler.

Abb. Seite 31 ➢

Die Schlosskirche – ein „Pantheon deutscher Geisteshelden"

Abb. Seite 25

Das neu gestaltete Thesenportal bildete nun einen harten Kontrast zu dem traurigen Zustand des übrigen Kirchengebäudes. Ein Regierungsrat schrieb 1876 nach einer Besichtigung an die preußische Regierung: „Der Zustand der Schloßkirche ist ein so überaus verlotterter, daß es dringend notwendig erscheint, dem Skandal ein Ende zu machen, so rasch es geht." (Witte, S. 31). Trotzdem vergingen noch Jahre mit schleppenden Vorbereitungen, Gutachten und Rückfragen der zuständigen Beamten.
Inzwischen war aber 1871 das Deutsche Reich gegründet und der preußische König Wilhelm I. (1861–1888) zum „Deutschen Kaiser" proklamiert worden. National gesinnte Kreise sahen darin die Vollendung einer von Gott gelenkten Entwicklung, die schon mit dem Thesenanschlag 1517 begonnen und nun zur Gründung des „Heiligen evangelischen Reiches deutscher Nation" geführt habe (so der Hofprediger Adolf Stöcker). Man konnte doch die Schlosskirche als die „Wiege der Reformation" und Ruhestätte Luthers, des großen Förderers einer einheitlichen deutschen Sprache, nicht in ihrem unwürdigen Zustand belassen! Dazu kam, dass sich zur Feier des 400. Geburtstags des Reformators im Jahr 1883 „[...] voraussichtlich die Blicke weiter Kreise der evangelischen Bevölkerung auch auf die Schloßkirche in Wittenberg richten würden" (Witte, S. 31).
1880 besichtigte der Sohn des Kaisers, Kronprinz Friedrich Wilhelm (1831–1888), die Schlosskirche und machte sich fortan zum einflussreichsten Fürsprecher ihrer Erneuerung. Die vorliegenden Pläne entsprachen nicht seinem Wunsch nach „Entfaltung gründerzeitlicher Pracht" (Harksen, Schlosskirche, S. 14). Deshalb beauftragte er den Berliner Geheimen Oberbaurat Friedrich Adler (1827–1908), neue Entwürfe zu erarbeiten. Adler war ein gründlicher Kenner der mittelalterlichen Gotik. Als Vertreter des „Historismus" wollte er diesen Stil im Kirchenbau möglichst umfassend wiederbeleben und tat das im Falle der Schlosskirche in einer eindrücklichen Weise. Ihm gegenüber sprach der Kronprinz aus, was diese Kirche in Zukunft sein sollte: „Ich wünsche ein Pantheon [eine Gedächtnishalle] deutscher Geisteshelden in Wittenberg zu stiften mit einem Hintergrunde, der, soweit es die Kunst vermag, jeden Besucher an jene große Zeit [der Reformation] erinnern soll." (Adler, S. 7). Dabei wollte man zwar die erhaltene, alte Substanz der Kirche möglichst schonen, aber „[...] keine auf antiquarische Gelehrsamkeit gegründete, irgendwie sklavische Wiederholung der zerstörten Bauteile [...]" erstreben (ebenda). Die Pläne Adlers kamen diesen Wünschen des Kronprinzen zunächst sehr entgegen, doch erregte Adlers freier künstlerischer Umgang mit den bekannten Zeugen spätgotischer Baukunst in Sachsen Kritik bei Kunsthistorikern und Architekten, die sich auch der Kronprinz zu Eigen machte. Adler musste noch ein Jahr nach dem 1885 begonnenen Umbau einige wesentliche Planänderungen vornehmen.

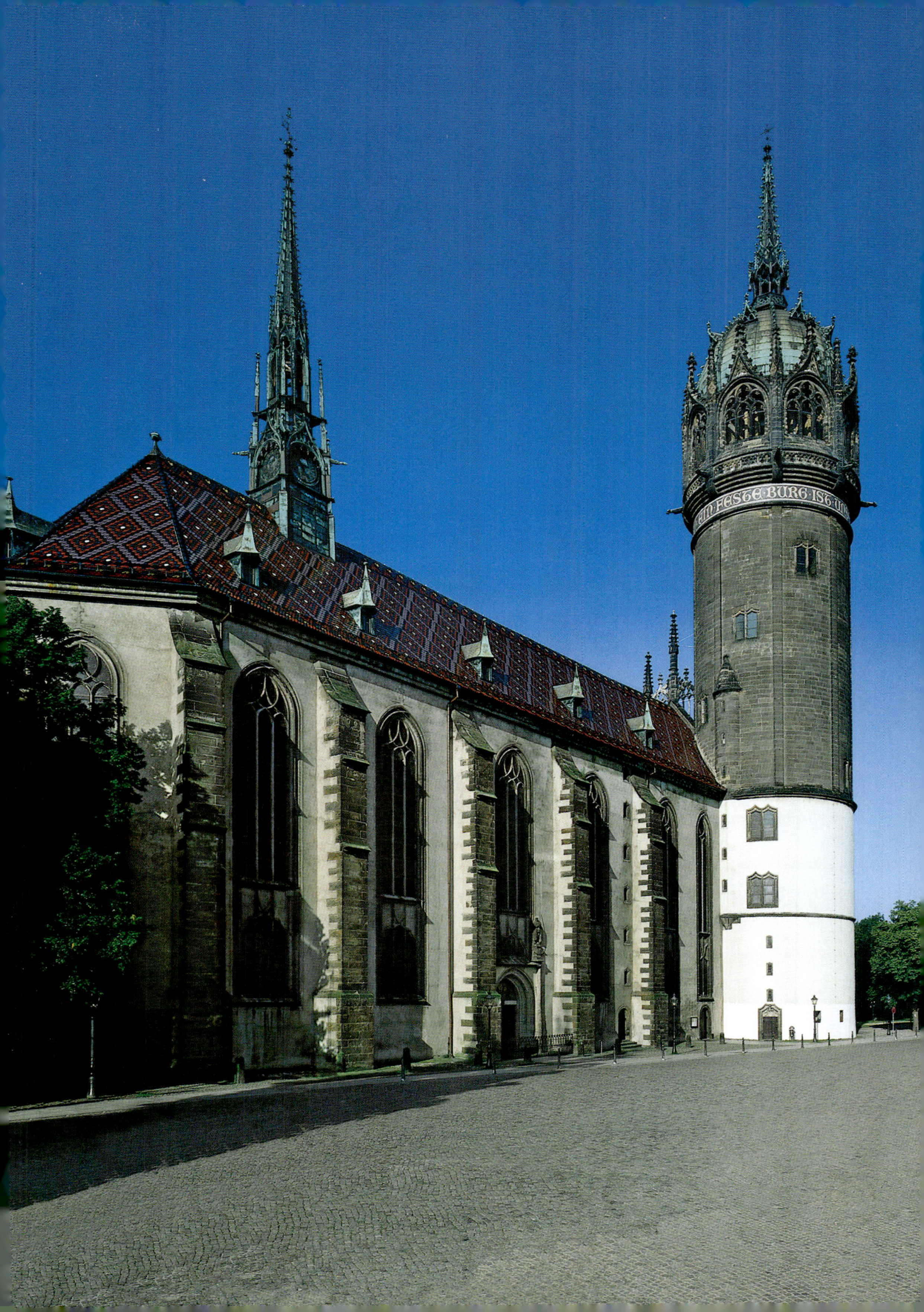
FESTE BURG IST

Der Umbau zur Gedächtniskirche der Reformation

Abb. Seite 29
Die Nordfassade der Kirche mit dem Thesenportal ließ Adler im Wesentlichen unangetastet. Das Hauptgewicht legte er auf die Errichtung eines repräsentativen Kirchturms, als dessen Unterbau der nur noch 33 m hohe, alte Schlossturm diente. Diesen erhöhte er mit Ziegelmauerwerk und Sandstein um 22 m. Darauf setzte er Abb. Seite 27 eine überkragende Kuppel mit einer Laterne und einer 88 m erreichenden Spitze. Die Form der mit Kielbögen, Wimpergen, Krabben, Kriech- und Kreuzblumen reich verzierten Kuppel erinnert an eine Kaiserkrone und zeigt einige Ähnlichkeit mit der des Doms in Frankfurt/Main, in dem ja seit 1356 die deutschen Könige gewählt und später auch zu Kaisern gekrönt wurden. Vielleicht wollte Adler damit die historische Legitimität des neuen Abb. vordere Umschlagseite ➢ evangelischen Kaisertums andeuten. Unterhalb der Kuppel wurde rund um den Turm ein Schriftband aus farbigen Tonstiften angebracht, das die erste Zeile von Luthers Choral wiedergibt: „Ein feste Burg ist unser Gott, ein gute Wehr und Waffen“. Nach dem Empfinden des Kronprinzen war dieses Lied der „Schlachtgesang des Protestantismus“ (Adler, S. 7). Wie das deutsche Kaisertum, so gehört auch dieses martialische Verständnis des Lutherliedes der Vergangenheit an. Geblieben ist aber die Funktion des Turms als Dominante des Stadtbildes und als Glockenträger. Außerdem hat man von seiner 52 m hohen Aussichtsplattform nach allen Seiten einen weiten Blick auf die Elblandschaft.

Grabstein des Theologieprofessors Balthasar Meisner (1587–1626) an der südlichen Außenwand

Der schmalen Westseite der Kirche, die sich bis dahin nicht von der Schlossfassade abgehoben hatte, gab Adler ein eigenes Gesicht mit einem Rundfenster, einem hohen Spitzbogenfenster und einem Ziergiebel aus Sandstein, dessen Fialen und Maßwerkbögen das Dach weit überragen und mit den Bögen der Turmkuppel korrespondieren. An die zum Schlosshof gelegene Südseite der Kirche fügte er eine neue, wie eine spätgotische Seitenkapelle gestaltete Sakristei. Das Kirchendach wurde mit glasierten farbigen Biberschwänzen im Rautenmuster gedeckt, erhielt Gaubenfenster und wieder einen Dachreiter an der von alten Abbildungen überlieferten Stelle.

Vor der Neugestaltung des Innenraums wurden zunächst alle barocken Einbauten des 18. Jh. entfernt und so die ursprüngliche Raumlänge wiedergewonnen. Auf den freigelegten Fundamenten der alten Emporenpfeiler errichtete Adler mit der Wand verbundene Achteckpfeiler, die nicht nur eine den ganzen Raum umgreifende Empore, sondern auch das neue massive Deckengewölbe und den aus dem 18. Jh. stammenden Dachstuhl tragen sollten. Allerdings wurde damit der ursprüngliche Saalcharakter der Kirche verwischt und der gewollt reichere Eindruck einer dreischiffigen Hallenkirche erweckt, deren

Oberbaurat Friedrich Adler entwarf die Pläne für den Umbau der Schlosskirche 1885–92, Abbildung aus dem „Wittenberger Tageblatt" vom 31.10.1892

„Seitenschiffe" aber nur Gangbreite haben.
Diese umgestaltete Innenarchitektur erhielt nun die vom Kronprinzen ausdrücklich geforderte „möglichst reiche und imposante Ausstattung" (Witte, S. 47). Eine Kommission von Fachleuten legte in mehreren Sitzungen fest, welche Glaubens- und Geisteshelden der Kirchen- und Reformationsgeschichte mit Standbildern vor den Pfeilern und mit Adelswappen und Medaillons an der Empore geehrt werden sollten. Für die Standbilder wollte man „nur deutsche Männer" berücksichtigen (Witte, S. 45). Die Rolle des Bürgertums bei der Durchsetzung der Reformation sollten 198 ausgewählte Wappen derjenigen deutschen Städte repräsentieren, die dazu besonders beigetragen hatten. Mit diesen auf Glas gemalten Wappen schmückte man die Seitenfenster. So wurde der ganze Bau mit anerkennenswerter Sorgfalt zu einer Gedächtniskirche der Reformation umgewandelt (vgl. S. 37) ausgeführt.

Abb. Seite 34 und 35

Am Reformationstag 1892 konnte man zur feierlich inszenierten Weihe der vollendeten Kirche schreiten. Im zeitgenössischen Bericht von Leopold Witte heißt es dazu: „[...] ein goldener, warmer Herbsttag strahlte über die geschmückte Stadt hernieder, [...]" (S. 70). Der Kaiser Wilhelm II. (1888–1918), die meisten der evangelischen Fürsten des Reiches, die Bürgermeister der Freien Städte Lübeck, Bremen und Hamburg, Minister und Regierungsräte, Militärs in Galauniform, die hohe Geistlichkeit Preußens im schwarzen Talar und schließlich die am Bau beteiligten Künstler und Handwerker versammelten sich auf dem Marktplatz und zogen durch die seitlich sich drängende Menge unter Glockengeläut zur Thesentür. Mit einem goldenen Schlüssel aus der Hand des Kaisers wurde sie geöffnet. Nur wer eine Eintrittskarte erhalten hatte, kam in die im neuen Glanz erstrahlende Kirche. Die weniger Begünstigten konnten an einem gleichzeitigen Gottesdienst in der Stadtkirche teilnehmen.

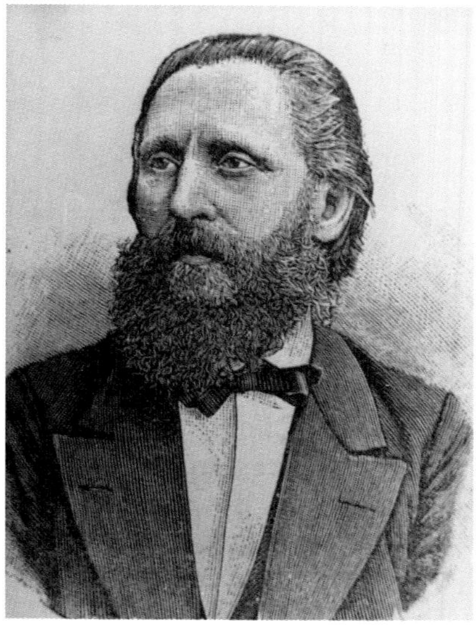

Die gekrönten Staatsoberhäupter Englands, der Niederlande, Schwedens und Dänemarks hatten Sondergesandte geschickt. Von den 37 evangelischen Landeskirchen Deutschlands und weiteren in Europa waren Vertreter gekommen. Vier männliche Nachkommen Luthers durften auf Plätzen dicht bei dem Grab ihres Ahnherren sitzen. Auch an eine wichtige Gruppe von Frauen hatte man gedacht: Die Oberinnen der Diakonissenhäuser saßen mit der Kaiserin in ihrer Mitte auf der Südempore.
Der Höhepunkt des Festgottesdienstes war die im Gebet vollzogene erneute Weihe des in siebenjähriger Arbeit für 900.000 RM umgebauten Gotteshauses. „Der Kaiser, die Kaiserin, die jungen Prinzen, die ganze erlauchte Versammlung der Fürsten und Gewaltigen dieser Erde, [...] alles sank nieder auf die Knie und betete um die Weihe der durch die Geschichte geheiligten Kirche, daß aus ihr Ströme des Segens sich ergießen möchten. Und während des Gebetes ertönte [...] der Glockenklang von allen Türmen Wittenbergs, deren eherner Ruf in derselben Stunde von allen [!] deutschen Kirchtürmen aufgenommen und weiter getragen ward [...]" (Witte, S. 77–78).

Die Schlosskirche im 20. Jahrhundert – eine kurze Chronik

1908

Im Zuge des technischen Fortschritts erhielt Wittenberg Anschluss an ein elektrisches Kraftwerk. Damit wurde eine moderne Beleuchtung der Kirche möglich. Nach mittelalterlichen Vorbildern fertigte man zwei radförmige Kronleuchter aus Kupfer an, die noch heute ihren Dienst tun. Jeder wiegt etwa 350 kg und hat über 5 m Durchmesser.

Abb. Seite 37

1918

Im letzten Jahr des Ersten Weltkriegs opferte man die beiden größeren der erst 1891 von C. F. Ulrich in Apolda gegossenen drei Glocken und die Zinnpfeifen des Orgelprospekts für die Kriegswirtschaft.

1922

Am Himmelfahrtstag (25.5.) versammelten sich die Vertreter von 28 evangelischen Landeskirchen Deutschlands in der Kirche. Dort unterzeichneten sie am Grab Luthers den Vertrag über ihren Zusammenschluss zum „Deutschen Evangelischen Kirchenbund". Zu diesem Zweck hatte man vorher aus der Wohnung Luthers im Kloster den alten, angeblich von ihm benutzten Tisch geholt und neben dem Grab aufgestellt.

1928

Das Lauchhammerwerk bei Cottbus goss zwei neue Glocken, so dass das Geläut wieder vollständig erklingen konnte.

1933

Am 27.9. tagte in Wittenberg eine „Nationalsynode", die von der Gruppe der nationalsozialistisch eingestellten „Deutschen Christen" beherrscht wurde. Durch ein Spalier von SA-Leuten zogen die Synodalen zur Schlosskirche und wählten den schon zum preußischen Landesbischof aufgestiegenen ehemaligen Wehrkreispfarrer Ludwig Müller zum „Reichsbischof". Müller war ein Vertrauensmann Hitlers und hatte bereits angekündigt, dass er alle „nichtarischen" Pfarrer und Kirchenbeamten aus der neuen „Reichskirche" entfernen wolle. Doch bereits am Tag seiner Wahl erschienen auf den Straßen Wittenbergs Flugblätter, die dagegen kirchlichen Widerstand ankündigten. Sie waren von den Berliner Pastoren Martin Niemöller und Dietrich Bonhoeffer im Namen des „Pfarrernotbundes" verfasst worden, dem sich in den folgenden Jahren etwa 6.000 Pfarrer anschlossen. Sie verweigerten dem „Reichsbischof" die Anerkennung, so dass ihn Hitler dann fallen ließ.

Seite 34/35:
Die 1993 vollständig restaurierten Wappenfenster von 1891 im Chor

1942

Alle drei Glocken mussten für die Kriegswirtschaft abgeliefert werden. Man zerschlug sie im Turm und transportierte die Stücke ab.

1944

Die „Reichsarbeitsgemeinschaft für Raumforschung" war durch die Zerstörung ihrer Diensträume in Berlin bei Bombenangriffen in Raumnot geraten und fand in Wittenberg ein Ersatzquartier. Es erwies sich aber für ihre „wertvolle Bibliothek" als zu klein. Das Predigerseminar erlaubte, dass die Bücher im Gruftkeller unter der Eingangshalle der Kirche sichergestellt wurden. Doch dort waren 27 hölzerne Särge im Wege, in denen man die 1883 wieder aufgefundenen fürstlichen Gebeine der Wittenberger Askanier geborgen hatte. Die morschen Särge wurden in einer Ecke übereinandergestapelt, einige zerbrachen und Gebeine fielen heraus. Das Denkmalpflegeamt protestierte, woraufhin die Bücher schließlich an einem anderen Ort gelagert wurden.

1945

In den letzten Kriegstagen dienten die Gruft und die damit verbundenen

Schlosskeller einer Gruppe der Wehrmacht als Befehlsstand. Nach dem Krieg waren die Särge zerstört und die Gebeine verstreut. Die Stadtväter ließen eine Grube in der Mitte der Gruft ausheben, die Überreste hineinlegen und mit einer Sandsteinplatte abdecken.

1949
Propst Wolfgang Staemmler gründete eine Schlosskirchengemeinde, die seitdem mit dem Predigerseminar zusammen für das gottesdienstliche Leben in der Kirche sorgt.

1960
Die staatliche Denkmalpflege der DDR bewilligte 20.000 Mark für die Reparatur der Kirchenfenster. Die westdeutschen Kirchen spendeten 18.000 Mark und 5.600 kg Bronze für drei neue Glocken. Sie wurden von der Firma Schilling und Söhne in Apolda gegossen, wiegen 2667, 1629 und 1126 kg und erklingen in der Tonfolge H° – d' – e'.

1967
Zum 450. Jahrestag des Thesenanschlags gab das Postministerium der DDR einen Satz von drei Sondermarken heraus. Eine davon zeigt die historische Außenansicht der Kirche nach Cranachs Holzschnitt von 1509. Am 31.10. erreichten die Jubiläumsfeiern mit Festgottesdiensten in der Schloss- und der Stadtkirche ihren Höhepunkt. Etwa 500 prominente Gäste aus der DDR, der Bundesrepublik und vielen Kirchen der Welt kamen in Wittenberg zu dem bis dahin bedeutendsten ökumenischen Ereignis auf dem Boden der DDR zusammen.

1983
Luthers 500. Geburtstag nutzte die Regierung der DDR dazu, von der jahrelangen marxistischen Beschimpfung Luthers als „Bauernverräter" zur „Luthererehrung" überzugehen. Zahlungskräftige Touristen aus dem westlichen Ausland sollten zum Besuch der Lutherstätten der DDR animiert werden. Die Stadt Wittenberg ließ die Kirche außen frisch verputzen und das Mosaik des Lutherchorals oben am Turm erneuern. Die Porzellanmanufaktur Meißen lieferte dazu 190.000 farbige Mosaiksteinchen. Zu Luthers Geburtstag lag an seinem Grab inmitten der vielen Kränze auch einer von dem Staatsratsvorsitzenden Erich Honecker und daneben einer von Bundespräsident Karl Carstens: ein damals ungewohntes Zeichen deutscher Eintracht. Einige Tage später kam der Kardinal Jan Willebrands, Präsident des vatikanischen „Sekretariats für die Einheit der Kirchen", in die Schlosskirche und sprach am Grab Luthers die versöhnlichen Worte: „Requiescat in pace" (Er ruhe in Frieden).

1989
In den Tagen, als die offizielle DDR ihren 40. Jahrestag feierte (7.10.), lud Pastor Friedrich Schorlemmer, Dozent am Predigerseminar, nach dem Beispiel der „Friedensgebete" in der Leipziger Nikolaikirche zum wöchentlichen „Gebet um Erneuerung" in die Schlosskirche ein. Schon bei der ersten Versammlung am 10.10. war sie überfüllt. „Eine merkwürdige Gemeinde, die sich da im Altarraum, in den Gängen, auf den Emporen und auch draußen auf dem Kirchplatz drängelt: Christen und Nichtchristen, Kirchenleute und SED-Genossen, brave Bürger neben auffällig gekleideten Jugendlichen" (Propst Hans Treu). Da in den DDR-Medien keine Berichterstattung über die massenhafte „Ausreise" von DDR-Bürgern zugelassen wurde, nahm man die in der Kirche vor den Gebeten gegebenen Informationen begierig auf. Wer wollte, konnte danach selbst über Mikrofon seine Gebetswünsche für die Zukunft des Landes aussprechen und dabei am „Friedensleuchter" eine Kerze entzünden. Wegen Überfüllung fanden die weiteren Gebete in beiden großen Kirchen Wittenbergs statt. Am Reformationstag gingen die Teilnehmer anschließend mit Kerzen zum Marktplatz und

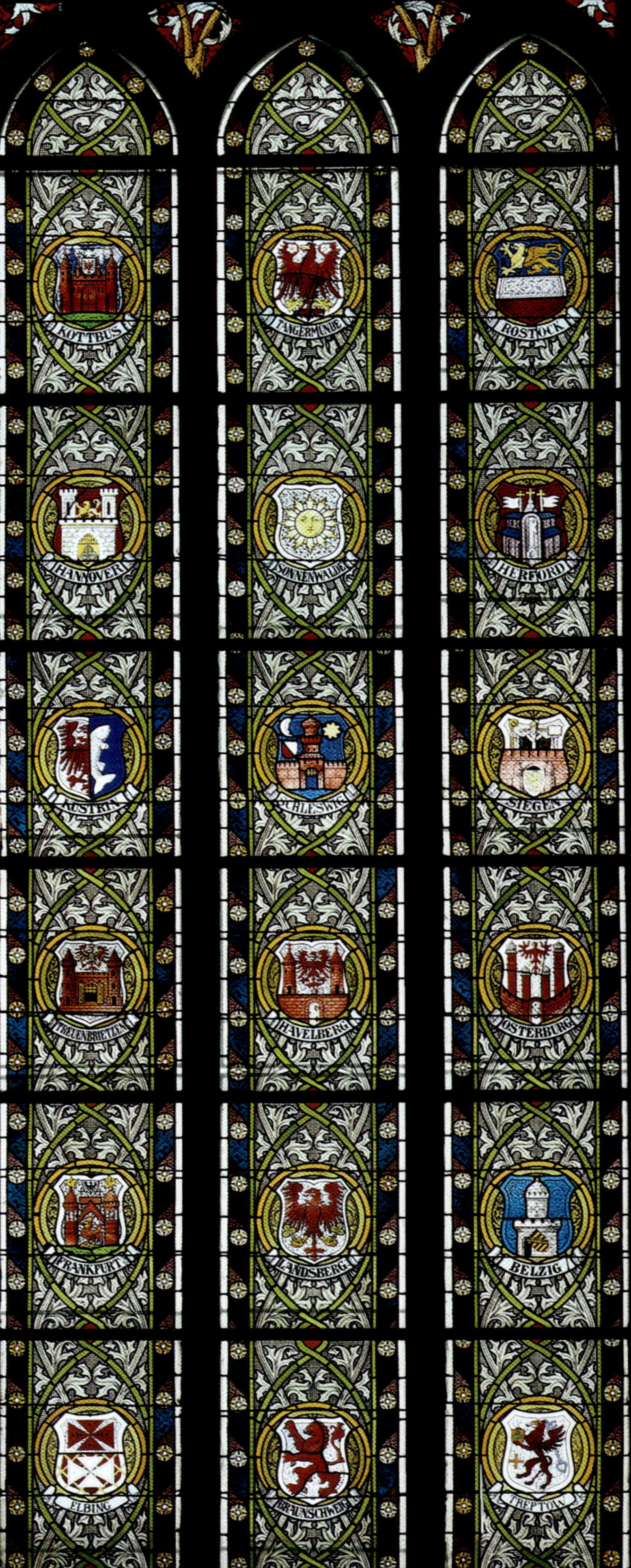
KOTTBUS
TANGERMUNDE
ROSTOCK
HANNOVER
SONNENWALDE
HERFORD
KUSTRIN
SCHLESWIG
SIEGEN
TREUENBRIETZEN
HAVELBERG
OSTERBURG
FRANKFURT
LANDSBERG
BELZIG
ELBING
BRAUNSCHWEIG
TREPTOW

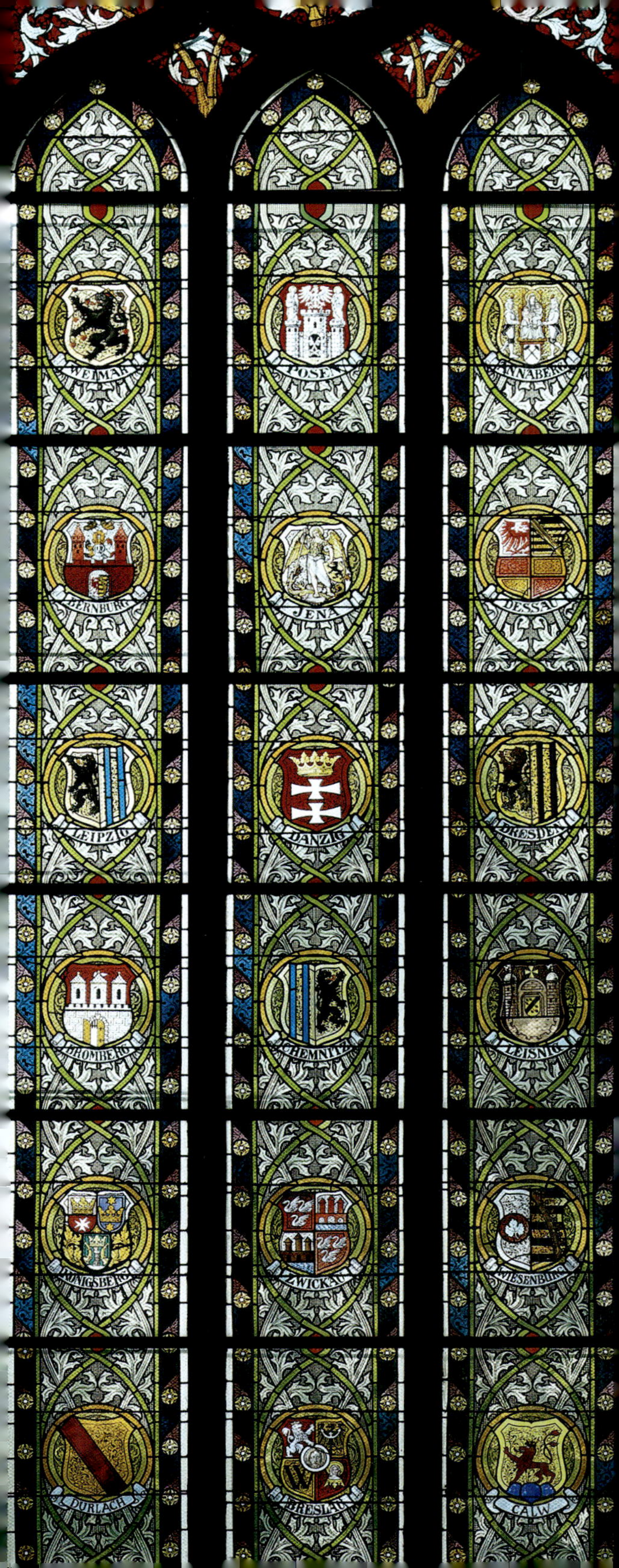
WEIMAR
POSEN
ANNABERG
BERNBURG
JENA
DESSAU
LEIPZIG
DANZIG
DRESDEN
BROMBERG
CHEMNITZ
LEISNIG
KÖNIGSBERG
ZWICKAU
WIESENBURG
DURLACH
BRESLAU
CALW

Seite 36: Innenraum der Schlosskirche mit Blick zum Altar

trugen die Forderung nach Erneuerung in die Öffentlichkeit. Die „friedliche Revolution“ begann. Die Versammlungen wurden in den ungeheizten Kirchen bis zu den ersten freien Wahlen in der DDR im März 1990 fortgesetzt.

1992
Am Reformationstag wurde mit einem Festgottesdienst des Umbaus und der Wiedereinweihung der Kirche 100 Jahre zuvor gedacht. Bundespräsident Richard von Weizsäcker wurde von Propst Treu mit den Worten begrüßt: „Herr Bundespräsident, wir sind glücklich, dass Sie Zeit gefunden haben, uns zu besuchen.“ Antwort Weizsäckers: „Was glauben Sie, wie glücklich ich bin, dass ich wieder nach Wittenberg kommen kann!“

1996
Die Schlosskirche wurde mit fünf weiteren Lutherstätten (in Wittenberg: Stadtkirche, Luther- und Melanchthonhaus; in Eisleben: beide Lutherhäuser) von der UNESCO auf die Weltkulturerbeliste gesetzt.

1998
Die 14 m hohe und 5 t schwere Turmspitze wurde im Ganzen mit einem Riesenkran abgenommen und restauriert. Erst im Oktober 2000 konnte sie wieder aufgesetzt werden. Der Dachstuhl wurde saniert, danach das Dach mit 85.000 farbigen glasierten Biberschwänzen nach dem Vorbild von 1892 eingedeckt. Bis 2002 musste das Land Sachsen-Anhalt dafür 2,8 Mio. € aufbringen. Dass dieses Geld zum allgemeinen Nutzen angelegt wurde, ergab eine sorgfältige Besucherzählung: Im Jahr 2000 besuchten rund 200.000 Menschen aus Deutschland und aller Welt die Kirche als Touristen, kamen zu den Gottesdiensten und Konzerten.

Rundgang durch die Kirche

Die äußere Gestalt der Kirche ist im Kapitel über ihre Umgestaltungen im 19. Jh. schon eingehend geschildert worden. Sie ist seitdem im Wesentlichen so bewahrt geblieben. Das gilt auch für den Innenraum. Er soll nun mit den wichtigsten aus früheren Zeiten erhaltenen Kunstwerken beschrieben und gewürdigt werden.

Die Vorhalle mit den Grabdenkmälern der Askanier

Abb. Seite 7 ➢

Der gewöhnliche Zugang zur Kirche befindet sich auf der Nordseite der Kirche, wenige Schritte von der Thesentür entfernt neben dem Turm und führt zunächst in die mit einem bemalten Netzgewölbe überspannte **Vorhalle**. In ihrer Mitte erhebt sich ein **Denkmal**, das Wilhelm II. 1891 für die askanischen Herzöge gestiftet hat. 1883 fand man ihre Grabstätten zwischen den alten Fundamenten der längst verschwundenen Franziskanerkirche und bettete die Gebeine in die Schlosskirche um. Seitdem ruhen sie in einer Gruft unter der Vorhalle. Auf der Bronzeplatte sind Name und Todesjahr der Herzöge, ihrer Frauen und Kinder zu lesen.
Eine dieser Familien zeigen die beiden, wenige Schritte davon in die Südwand eingelassenen alten **Sandsteingrabplatten**, die ebenfalls aus jener Franziskanerkirche stammen. Auf der linken Grabplatte kann man den Kurfürsten Rudolf II. († 1370) mit seiner Gemahlin Elisabeth († 1373) erkennen, auf der rechten ihre Tochter Elisabeth († 1353). Sehr sorgfältig sind die Details der Rüstung des Fürs-

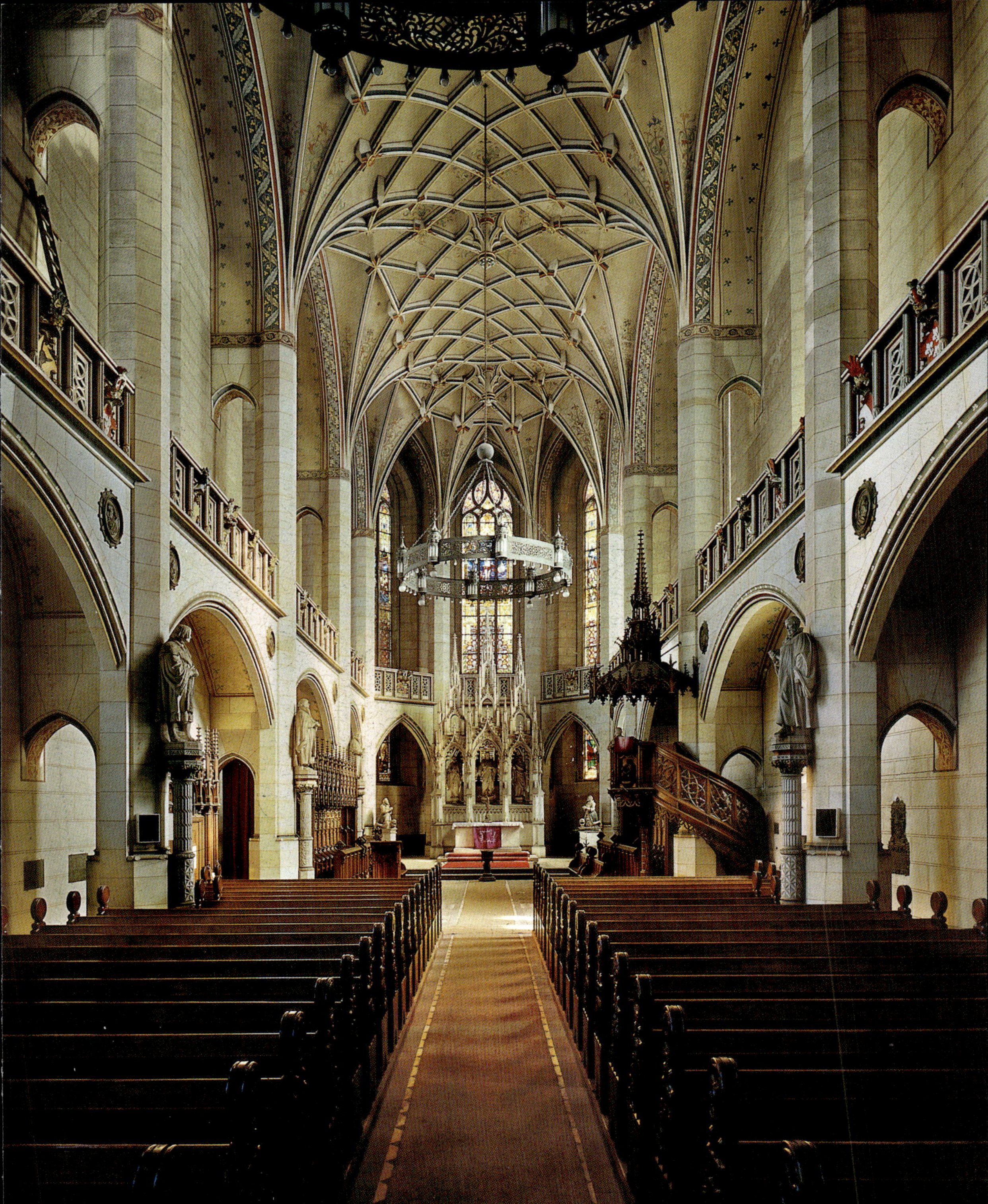

Fürstengestühl: einer der vier Evangelisten am Kanzelkorb: Lukas

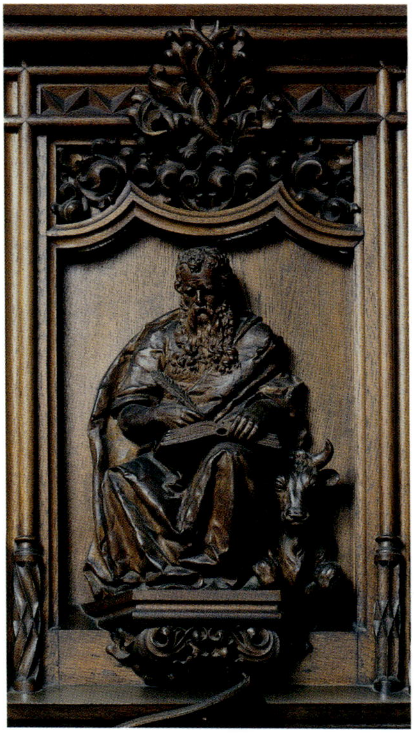

Abb. Seite 63 ➢

Abb. Seite 56 ➢

Abb. Seite 59 ➢

ten wiedergegeben. Auf seinem Schild sieht man das sächsische Herzogswappen, über seinem Kopf das Kurfürstenwappen. Der gestreifte Löwe über dem Kopf der Frau lässt ihre Herkunft aus dem hessischen Landgrafenhause vermuten. Nach neueren Stammtafeln war sie eine Ururenkelin der hl. Elisabeth von Thüringen. Sie trägt ein Klostergewand, denn nach dem Tod ihres Mannes hatte sie sich dem „Dritten Orden“ der Franziskaner angeschlossen. Die Löwen unter den Füßen des Paares sind Symbole fürstlicher Macht.

Die Tochter auf der rechten Grabplatte trägt als junge Herzogin eine (beschädigte) Krone und offenes Haar. Sie wird wie ihre Mutter von einem gotischen Kleeblattbogen eingerahmt, dessen Maßwerk aber reicher gestaltet ist. Dass dieser Stein einst die liegende Deckplatte eines Tumbengrabes war, beweist eine davon erhaltene Seitenwand, die unter dem westlichen Rundfenster eingemauert ist und eine Gruppe von neun heiligen Frauen zeigt. Einige zeigen die gleiche Haartracht und Gewandung wie die junge Elisabeth. Die Heilige ganz links mit dem Pfeil ist Ursula. Es folgen Agatha (?), Klara (oder Magdalena?), Elisabeth, Lucia, Katharina, Dorothea, eine Mystikerin (?) und Barbara.

Seite 39: Kanzel von 1892, davor das Luthergrab im Hintergrund Teil des Fürstengestühls

Das Kirchenschiff und die Reformatorengräber

Nach den ersten Schritten durch den **Mittelgang** sieht man an der Südwand (rechts) zwei große **Ölgemälde**. Das linke zeigt Luther im Professorentalar, das rechte Melanchthon im Pelzrock. Es sind Kopien von Werken Cranachs d. J. Sie gelangten als Ersatz für zwei 1760 verbrannte Originale in die Kirche. Einige Schritte weiter erinnert ein kleineres Ölbild rechts an Johann Hinrich Wichern (1808–1881). Der im Kreis Wittenberg ansässige Maler Erich Viehweger hat das Porträt 1972 nach einer Vorlage geschaffen. Wichern war Oberlehrer an einer Sonntagsschule in Hamburg. Durch seinen Beruf lernte er das von der industriellen Revolution erzeugte Massenelend der Großstadt kennen. 1848 besuchte er den „Wittenberger Kirchentag“, dessen Teilnehmer sich in der Schlosskirche versammelten. Hier rief er zu einer neuen Reformation durch „innere Mission“ auf. Mit der Tat der „rettenden Liebe“ müsse die Kirche der von der materiellen Not verursachten Entchristlichung des Volkes entgegenwirken. Man stimmte ihm begeistert zu, so dass dann bald ein „Centralausschuss für die innere Mission der deutschen evangelischen Kirche“ seine Arbeit aufnehmen konnte. Damit entstand ein bis heute stetig wachsender Zweig kirchlicher Arbeit für hilfsbedürftige Menschen.

Von dieser Stelle aus lohnt sich ein Blick auf die **Emporentreppe** an der gegenüberliegenden Nordwand. Sie

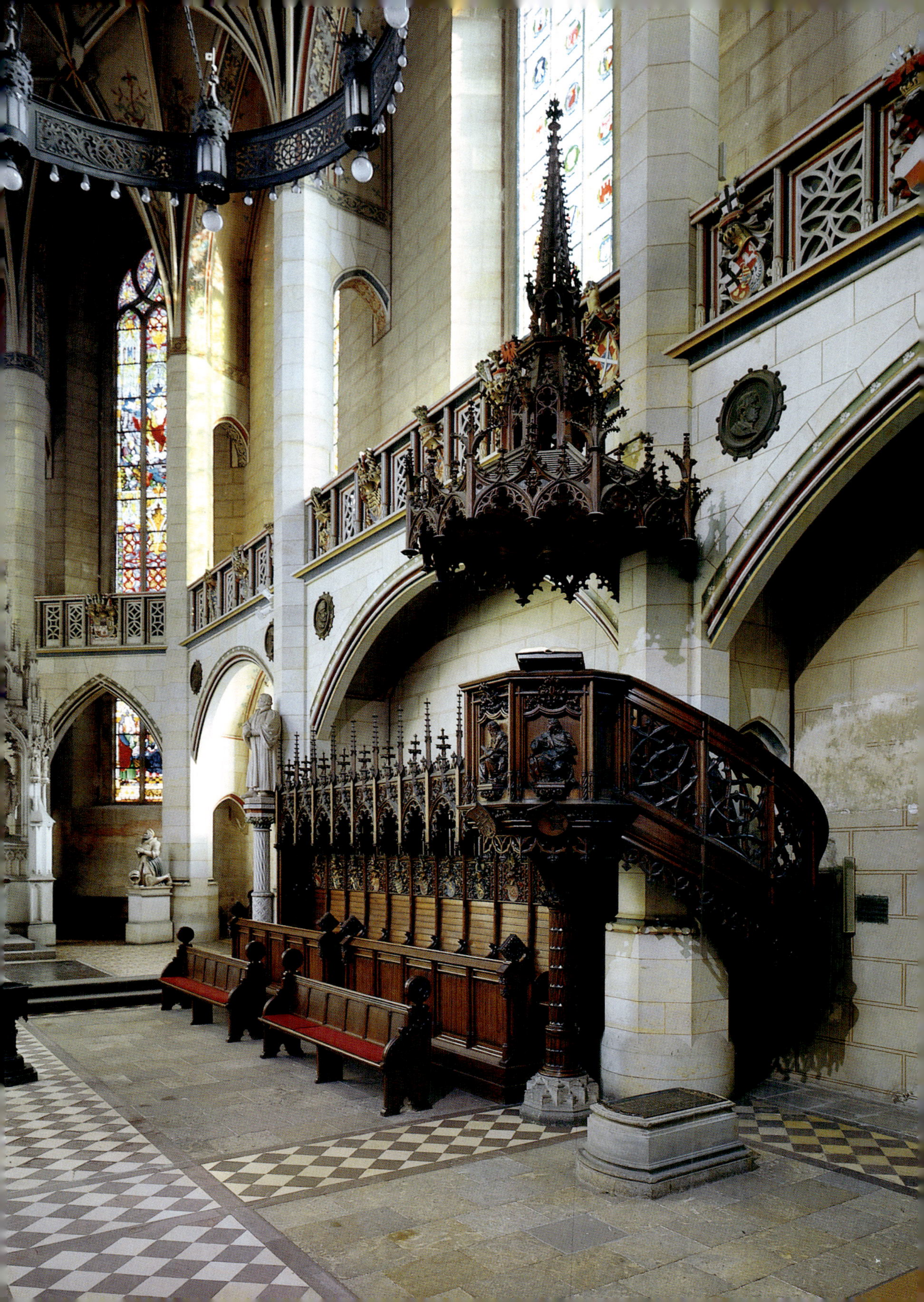

Abb. Seite 41

Abb. Seite 57 ➢

ersetzte 1890 eine ältere Treppe und wurde als prächtiger, mit Fenstern zum Innenraum geöffneter „Wendelstein" gestaltet. Sie führt bis in den Dachstuhl. Von außen ist sie durch die kleine „Organistentür" zugänglich, von innen durch ein in spätgotischen Formen gestaltetes Portal, geschmückt mit **Luthers Wappen**, einer Rose mit fünf weißen Blütenblättern, in deren Mitte sich ein rotes Herz und ein schwarzes Kreuz befinden („Lutherrose"). Luther nannte es „ein Merkzeichen meiner Theologie".

Am Nord-Südgang in der Mitte der Kirche befinden sich die beiden **Reformatorengräber**: rechts bei der Kanzel das **Luthergrab**, links das **Melanchthongrab**. Die eigentlichen Grabstätten befinden sich etwa 2 m tief im Boden und sind nicht zugänglich. Über ihnen erheben sich seit 1892 Sandsteinsockel, auf denen die originalen Bronzegrabplatten mit lateinischen Inschriften aus der Mitte des 16. Jh. befestigt sind. Die Inschrift auf Luthers Grab lautet übersetzt: „Hier ist der Leib Martin Luthers, des Doktors der heili-

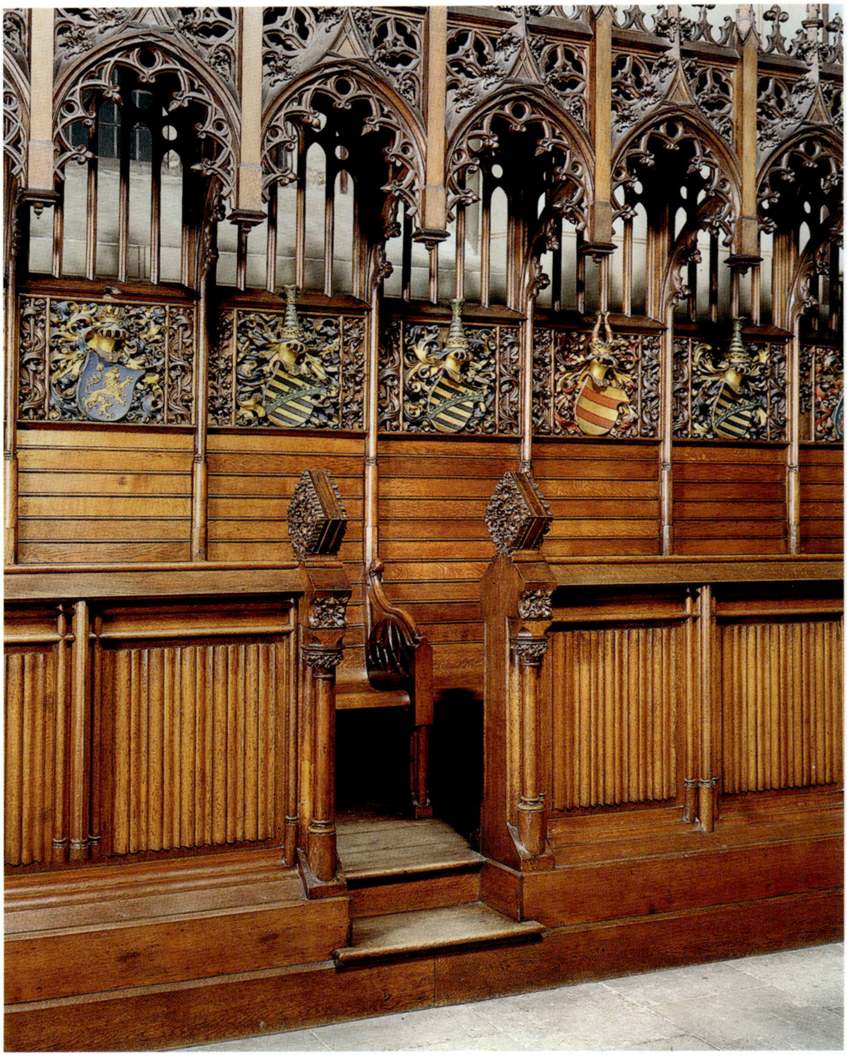

Detail des Fürstengestühls auf der Nordseite

Wendeltreppe zur Empore in der Nordwand

gen Theologie, begraben. Er starb im Jahre Christi 1546 am 18. Februar in seiner Vaterstadt Eisleben im Alter von 63 Jahren, 2 Monaten, 10 Tagen." Luthers Leichnam wurde nach Wittenberg überführt und vier Tage nach seinem Tod hier beigesetzt. Kurfürst Johann Friedrich gab ein **Bronzeepitaph** in Auftrag, das den Reformator nach einem Holzschnitt Cranachs d. Ä. in Lebensgröße zeigt. Gegossen wurde es 1548 von Heinrich Ziegler d. J. in Erfurt, gelangte dann aber nicht nach Wittenberg, weil Johann Friedrich inzwischen die Kurwürde und die Herrschaft über Wittenberg verloren hatte und nur seine thüringischen Gebiete behalten durfte. Einer seiner Nachfolger ließ das Epitaph 1571 in der Stadtkirche von Jena anbringen. Im Streit zwischen den Theologen der Universitäten Jena und Wittenberg darüber, wer von ihnen die Lehre Luthers treuer bewahre, war die Platte zum Faustpfand geworden. 1892 stiftete das Predigerseminar Loccum (bei Hannover) eine **Bronzekopie** des Jenaer Epitaphs und ließ sie an der Wand neben Luthers Grab in der Wittenberger Schlosskirche anbringen. Die lateinische Inschrift lautet übersetzt (nach J. Rogge): „Im Jahre 1546, am 18. Februar, wurde heimgerufen aus diesem vergänglichen Leben der sehr ehrwürdige Martin Luther, Doktor der Theologie, der noch im Sterben mit Festigkeit bezeugt hat, es sei die wahre und für die Kirche (heils)notwendige Lehre, die er gelehrt habe, und seine Seele Gott befahl im Glauben an unsern Herrn Jesus Christus. Er starb im Alter von 63 Jahren, nachdem er die Gemeinde Gottes in dieser Stadt mehr als 30 Jahre gewissenhaft und erfolgreich erbaut hat. Sein Leib aber liegt hier begraben. Jesaja 52: Wie lieblich sind die Füße derer, die den Frieden predigen."

Abb. Seite 48

Sowohl das Epitaph als auch die kleine Platte über dem Grab geben Luthers Alter mit 63 Jahren an. Das stimmt nicht mit seinen sonst angegebenen Lebensdaten (10. 11. 1483–

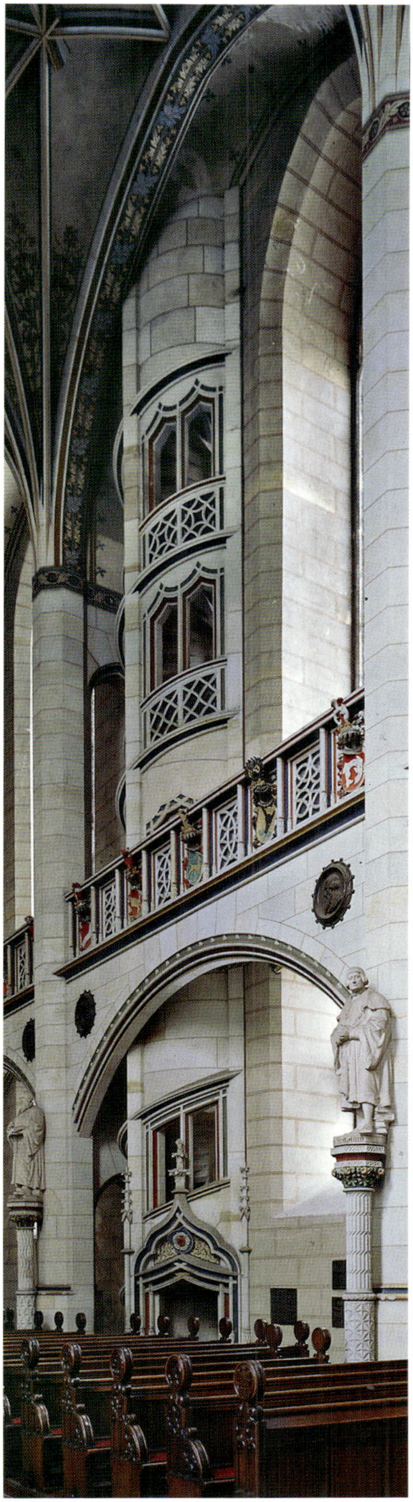

Betender Engel unter dem linken oberen Chorfenster

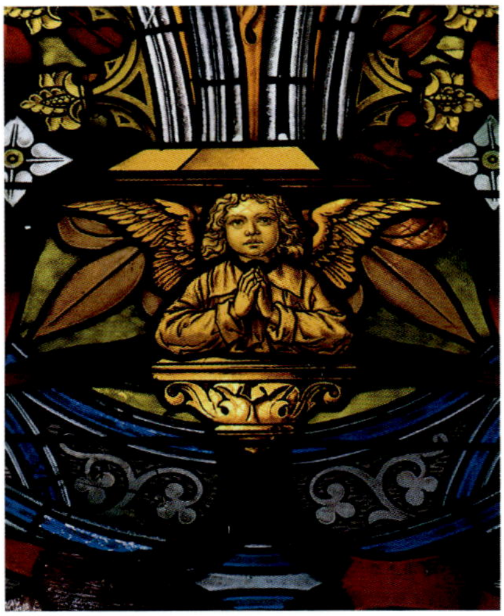

18. 2. 1546) überein, aus denen sich nur 62 Jahre, 3 Monate und etwa 10 Tage errechnen lassen. Für das Geburtsdatum gibt es keine zuverlässige Urkunde. Erst nach Luthers Tod hat Melanchthon das heute allgemein angenommene Datum erforscht. Es sind aber Zweifel geblieben, ob es nicht doch 1482 war, wovon die Grabplatten auszugehen scheinen.

Nicht sicher verbürgt ist folgende Überlieferung: Als Kaiser Karl V. (1519–1556) im Krieg gegen die im „Schmalkaldischen Bund" zusammengeschlossenen Evangelischen das Heer Johann Friedrichs 1547 besiegt hatte und Wittenberg ihm die Tore öffnen musste, habe er sich in der Schlosskirche das Grab Luthers zeigen lassen. Dabei soll sein spanischer General Fernando Alba gefordert haben, man möge doch den Leichnam des „Ketzers" verbrennen und seine Asche in die Elbe streuen. Das habe der Kaiser von sich gewiesen mit den Worten: „Ich führe nicht Krieg mit den Toten!" Später entstand das entgegengesetzte Gerücht, Luthers Grab sei leer, weil treue Anhänger seinen Leichnam vor jener Übergabe der Stadt an einem geheimen Ort versteckt hätten, dessen Kenntnis dann verloren gegangen sei. Beim Umbau der Kirche 1885–1892 kam dieses Gerücht erneut auf. Um ihm auf den Grund zu gehen, öffneten der Baumeister Paul Groth und der Maurerpolier Heinrich Römhild am 14. Februar 1892 heimlich Luthers Grab und suchten nach seinen Gebeinen. In 2 m Tiefe stießen sie auf den eingedrückten Holzsarg, der einst innen mit Zinn ausgekleidet worden war. Sie stellten fest, dass „die Gebeine Luthers noch ziemlich gut erhalten sind." Danach schlossen sie das Grab wieder und bewahrten fünf Jahre darüber Stillschweigen, denn sie hatten mit Strafe zu rechnen. Dann wagte es Römhild, dem Evangelischen Oberkirchenrat in Berlin einen schriftlichen Bericht zu geben, durch den die heimliche Aktion bekannt geworden ist.

Die Inschrift auf **Melanchthons Grab** lautet übersetzt: „Hier ist der Leib des sehr ehrwürdigen Philipp Melanchthon begraben. Er starb im Jahre Christi 1560 am 19. April in dieser Stadt im Alter von 63 Jahren, 2 Monaten, 2 Tagen."

Diese Grabschrift erwähnt keinen akademischen Titel. Melanchthon war lediglich Magister der artistischen Fakultät, in der sich die Studenten die philosophischen Grundkenntnisse aneignen mussten, bevor sie ihr Studium in den drei höheren Fakultäten fortsetzen konnten. Obwohl er, von Luther angeregt, grundlegende theologische Werke verfasste, wollte er nicht den theologischen Doktorgrad erwerben. Als begnadeter Pädagoge förderte er unermüdlich die Verbindung des Glaubens mit Bildung und Wissenschaft. Sein Leben und Wirken schildert ein lateinisches Gedicht seines Freundes Joachim Camerarius auf zwei Bronzeplatten an der Wand neben dem Grab.

An der Südwand gegenüber befinden sich neben dem schon erwähnten Epitaph Luthers noch zwei qualitätvolle **Bronzeepitaphe** von Professoren des 16. Jh. Das eine wurde für den zu seiner Zeit berühmten Juristen und letzten katholischen Propst der

Blick zum Altar im Chor

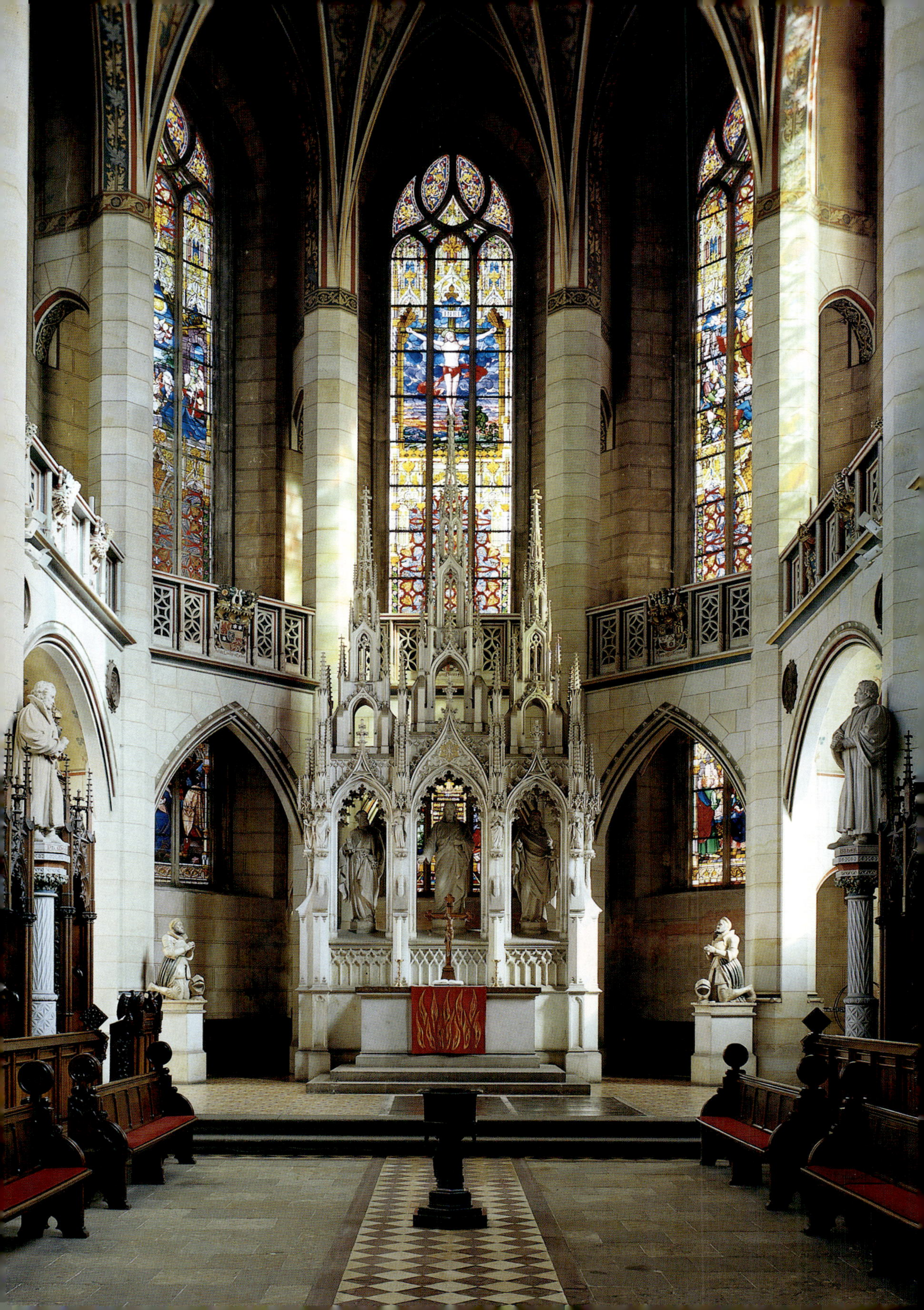

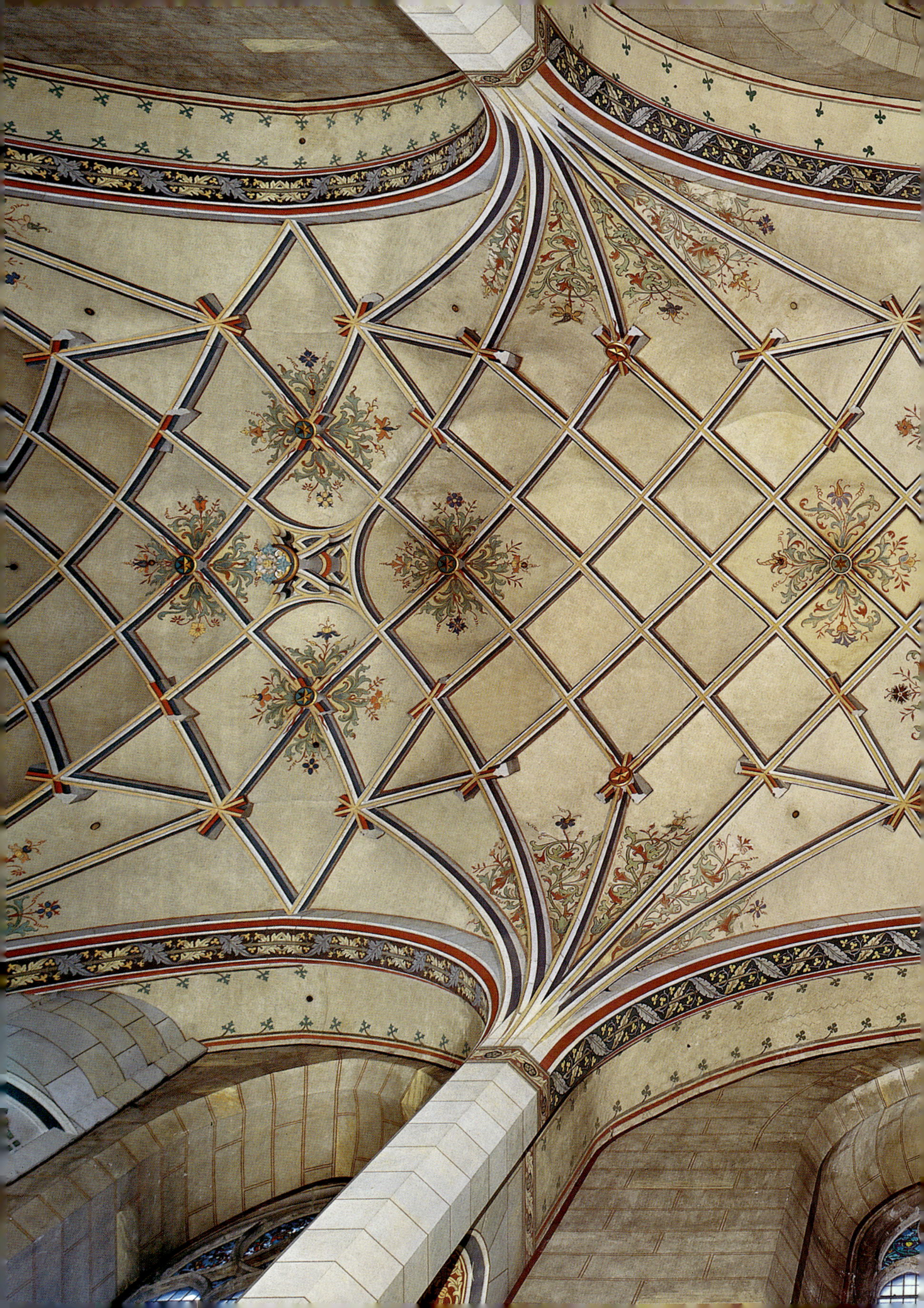

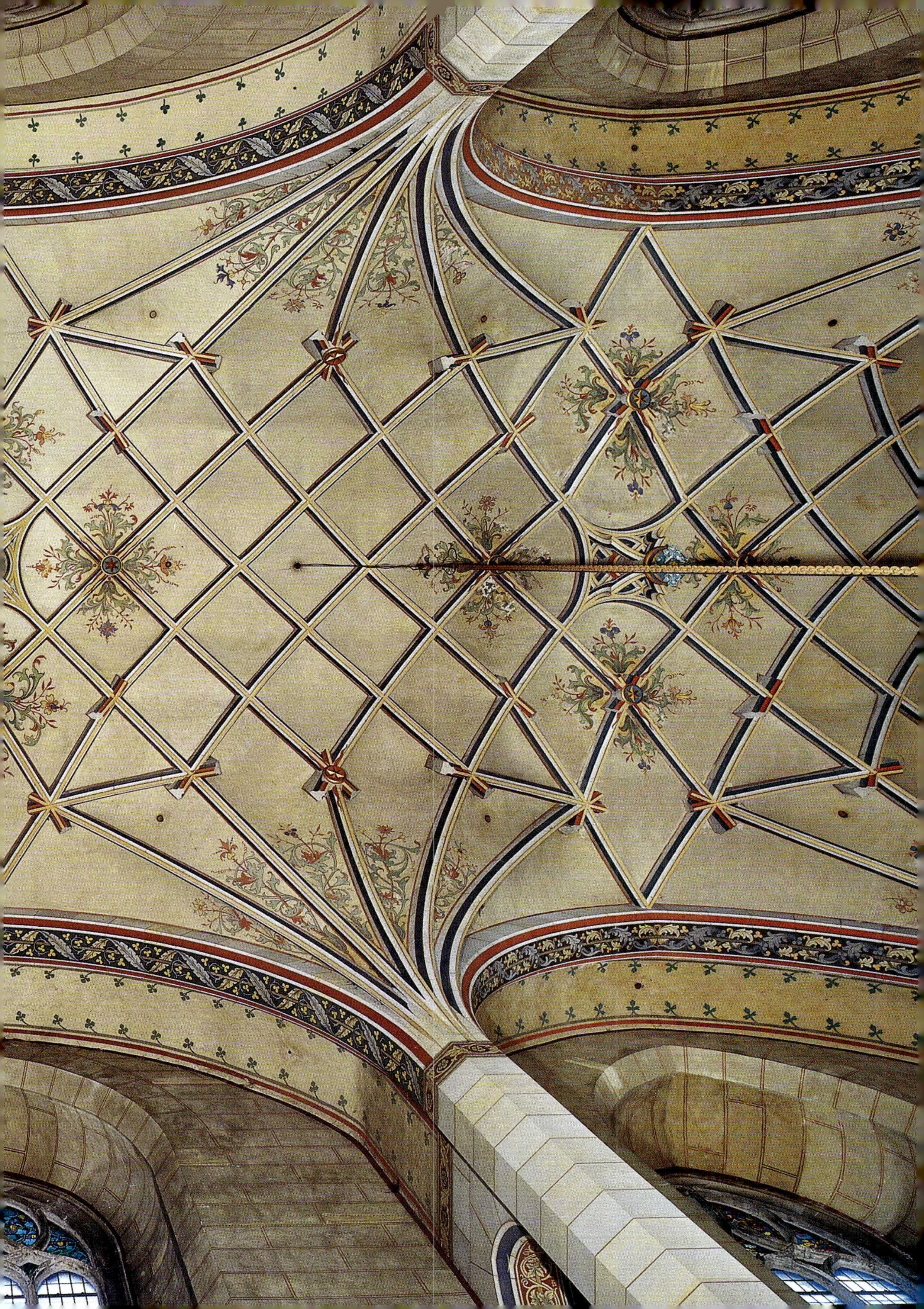

Seite 44/45: Netzdeckengewölbe von 1890 mit Schlusssteinen und überschießenden Rippen

Schlosskirche Henning Göde († 1521) gestiftet. Es ist ein unsigniertes, aber hervorragendes Werk der Frührenaissance aus der Nürnberger Vischerwerkstatt, das seiner Darstellung wegen bis 1890 an einer versteckten Stelle hinter dem Altar angebracht war. Auf ihm sieht man die in den Himmel erhobene Maria, der Gottvater und ihr Sohn Jesus die himmlische Krone verleihen. Ein Holzschnitt Albrecht Dürers diente dem Künstler hierbei als Vorlage. Unten links hat er die kniende Gestalt des Propstes und die des Evangelisten Johannes (mit dem Kelch) hinzugefügt. Auch das schon barocke Formen aufweisende Bronzeepitaph daneben erinnert an einen ehemals berühmten Juristen: Matthäus Wesenbeck († 1586). Es zeigt sein Wappen unter einem von Harpyien (mythischen Verfolgerinnen der Rechtsbrecher) getragenen Triumphbogen, umgeben von einer Fülle symbolischer Gestalten. Weiterhin erinnern noch sechs schlichtere Bronzeplatten an der Nordwand gegenüber mit lateinischen Inschriften an Professoren der Universität, die im Boden der Kirche begraben liegen.

Abb. Seite 61

Abb. Seite 60

Die Reformatorenstandbilder, Medaillons und Wappen

Auf dem ganzen Weg vom Eingang im Westen bis zum Altar mit den Figuren Jesu und der Apostel im Osten geht man zwischen den beiden Reihen von **Reformatorenstandbildern** hindurch, die auf reich gestalteten Säulenpostamenten vor den Pfeilern stehen. Damit ist zum Ausdruck gebracht, dass die Reformatoren wieder zum Ursprung des christlichen Glaubens hinführen wollten. Luther ist ganz vorn am Chorraum als Bekenner auf dem Reichstag von Worms 1521 dargestellt, ihm gegenüber Melanchthon mit einer Schriftrolle (Abb. Seite 62), die das wesentlich von ihm

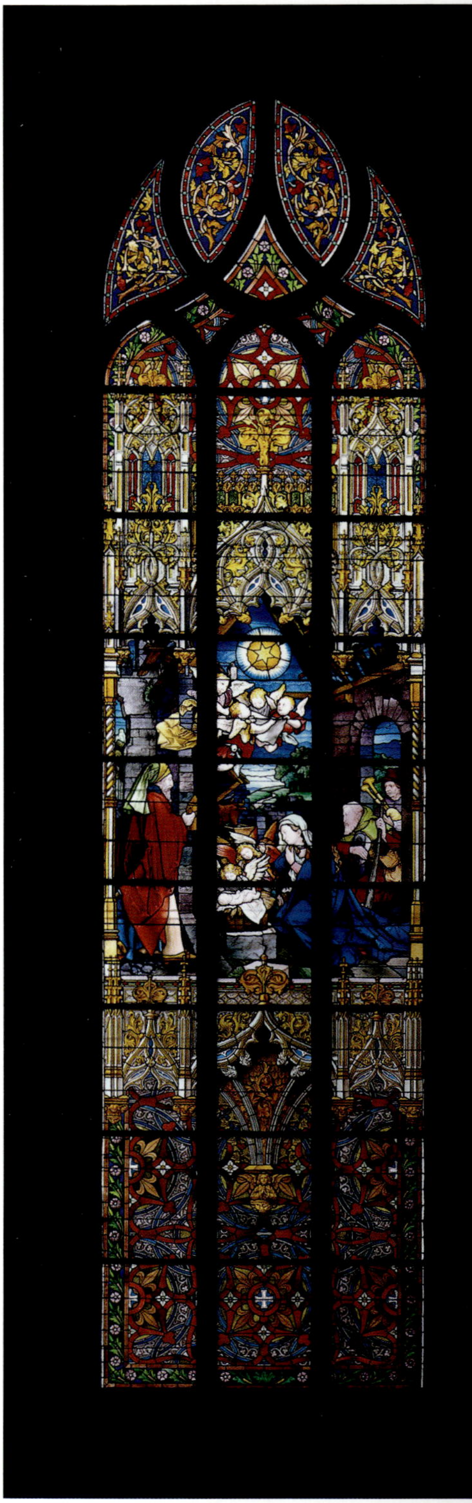

Die oberen Chorfenster von 1891: Geburt, Tod und Auferstehung Jesu

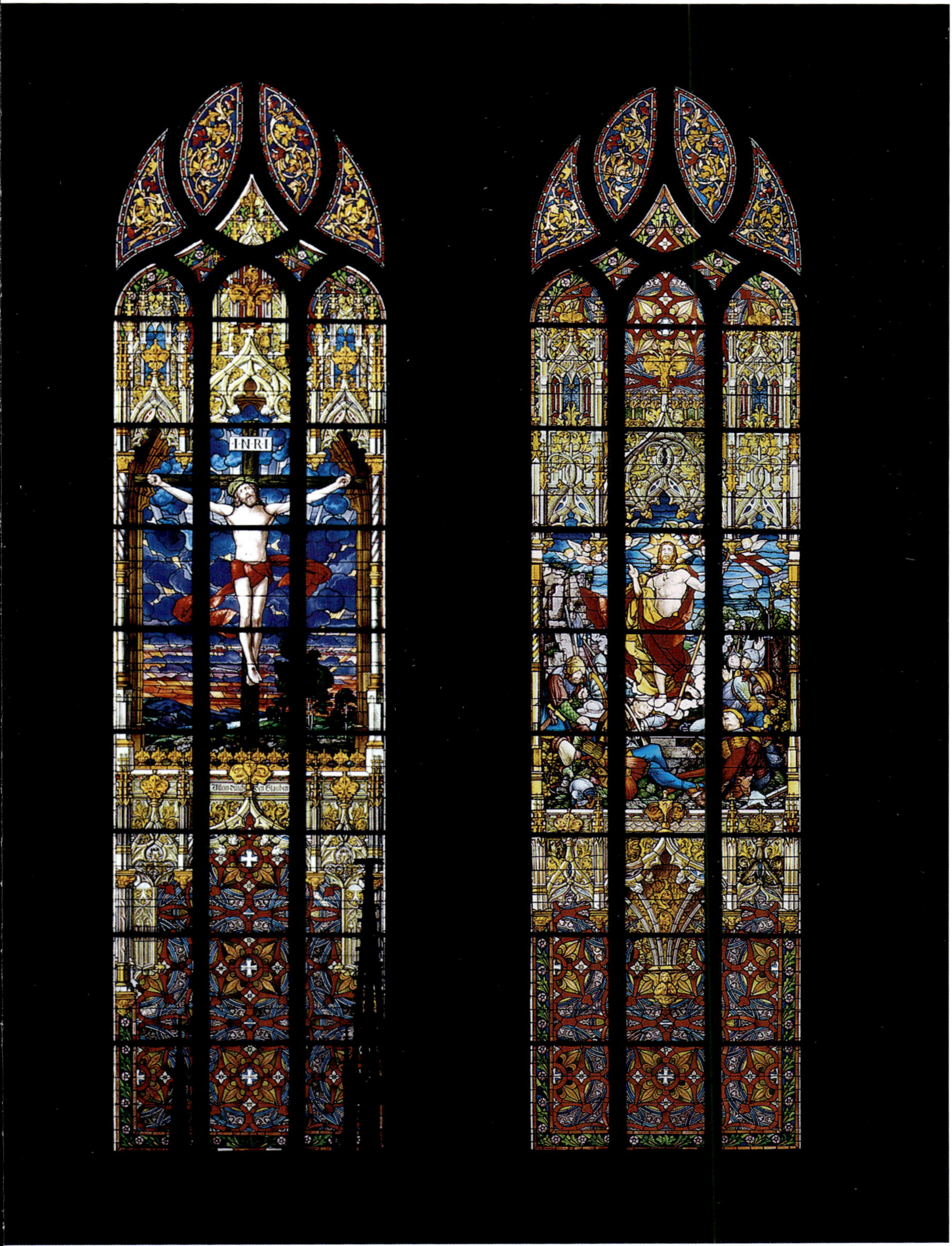
I·N·R·I
Allein durch den Glauben

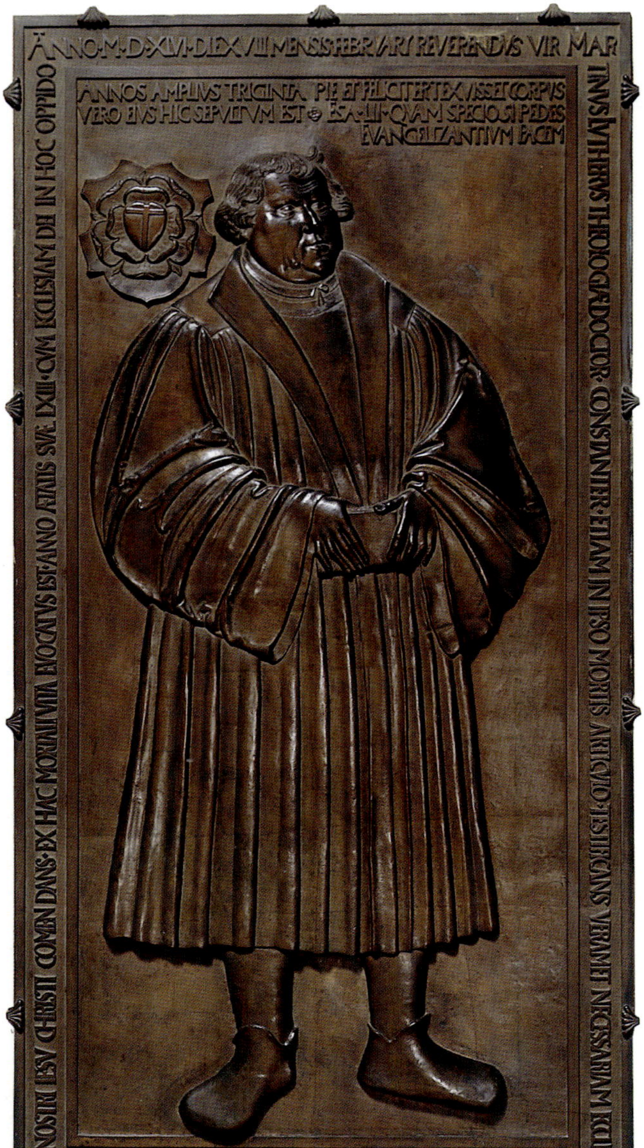

Epitaph Luthers (✝ 1546), Kopie von 1892 nach dem Original in Jena

während des Augsburger Reichstags 1530 verfasste Bekenntnis der Evangelischen darstellt. Es folgen als die wichtigsten Mitarbeiter beider auf der Südseite (nach der Kanzel): Justus Jonas (1493–1555), Johann Brenz (1499–1570) und Caspar Cruciger (1504–1555). Auf der Nordseite: Johann Bugenhagen (1485–1558), Georg Spalatin (1484–1545), Urbanus Rhegius (1489–1541) und Nikolaus von Amsdorf (1483–1565).

An wichtige Vorkämpfer, Prediger, Märtyrer und Förderer der Reformation erinnern die 22 **Bronzemedaillons** in den Zwickeln der Emporenbögen. Ihre Namen lassen sich aus der Übersicht auf dem hinteren Vorsatzblatt entnehmen. An der **Emporenbrüstung** (Abb. Seite 58) erinnern zusätzlich 52 aus Kalkstein gemeißelte und in den heraldischen Farben bemalte **Adelswappen** an Könige, Herzöge, Grafen und Ritter, ohne deren machtvolle Unterstützung die Reformation kaum durchführbar gewesen wäre. Dazu kommen 144 auf Glas gemalte **Stadtwappen** (Abb. Seite 34 und 35) in den Seitenfenstern, die an Städte erinnern, die dabei eine wichtige Rolle gespielt haben. 1892 waren es 198 Stadtwappen, davon sind 70 im Zweiten Weltkrieg zerstört, 16 aber nach 1990 wieder neu angefertigt worden.

Eine weitere Gruppe zeigen die zwölf **Glasbildnisse europäischer Reformatoren** (Abb. Seite 64) des 16. Jh. in drei der unteren Fenster des Kirchenschiffs. Sie wurden 1983 zur Feier des 500. Geburtstags Luthers von der Evangelischen Kirche der Union gestiftet. Mit ihnen wollte man die 1892 nur angedeutete europäische Dimension der Reformation stärker zum Ausdruck bringen. Die Porträts wurden von der in der Kunstschule Burg Giebichenstein bei Halle tätigen Renate Brömme nach historischen Vorlagen (soweit solche überliefert sind) entworfen und in Medaillonform vorwiegend in Blau- und Grautönen (Grisaille) auf Glas gemalt. Sie sollten in der geschlossenen Ausstattung des 19. Jh. durch ihre zurückhaltendere Farbgebung als Zutat des 20. Jh. erkennbar bleiben. Die technischen Arbeiten führten die Quedlinburger Glaswerkstätten aus.

Im Fenster der Südseite beim Luthergrab sieht man die Reformatoren Hans

Die Adelswappen an der Empore

Die originale Schreibweise der Namen unter den Wappen ist mit den verwendeten Abkürzungen beibehalten worden (Braunschw.L. = Braunschweig-Lüneburg; Schwarzbg. = Schwarzburg; Schwarzenbg. = Schwarzenberg; Henebg. = Henneberg; Schauenbg. = Schauenburg):

	Wolfgang Fürst v. Anhalt	
Philipp Landgr. v. Heßen		Friedr. III. Kurf. v. Sachsen
PFEILER	ALTAR	PFEILER
Joachim II. Kurf. v. Brandenbg. Georg Markgr. v. Brandenbg. Albrecht Herz. in Preußen		Gustav König v. Schweden Heinr. d. Fr. Herz. v. Sachsen Christian II. König v. Dänemk.
PFEILER		PFEILER
Ernst Herz. v. Braunschw.L. Philipp III. Graf v. Nassau Joh. Hein. Gr. v. Schwarzbg. Georg Ernst Grf. v. Henebg. Albrecht Graf v. Mansfld.		Heinr.V. Herz. v. Mecklenbg. Ulrich Herz.v. Württemberg Barnim Herzog v. Pommern Ludwig Grf. v. Stolberg Ludg. Grf v. Oettingen
PFEILER		PFEILER MIT KANZEL
Georg II. Graf v. Wertheim Edzard Graf v. Ostfriesld. Degenhard v. Pfeffinger Haubold von Einsiedel Bernhard v. Hirschfeld		Hermann Graf von Wied Fabian von Feilitzsch Anarch v. Wildenfels Johann von Dolzigk Bastian von Kötteritz
PFEILER		PFEILER
Eberhard v.d. Tann Johann v. Rietesel Johann v. Löser Bernhard v. Mila Michael v.d. Straßen		Hans von der Planitz Asso von Kram Georg von Polenz Hans von Minkwitz Hans von Taubenheim
PFEILER		PFEILER
Asmus von Spiegel Hartmuth v. Kronberg Hans von Berlepsch Justinian Holzhausen		Joachim von Pappenheim Caspar von Köckeritz Hans von Rechenberg Dietrich von Maltzan
PFEILER		PFEILER
	ORGELEMPORE	

Johann von Schwarzenbg.	Georg von Frundsberg	Ulrich von Hutten	Franz von Sickingen	Sylvester von Schauenbg.

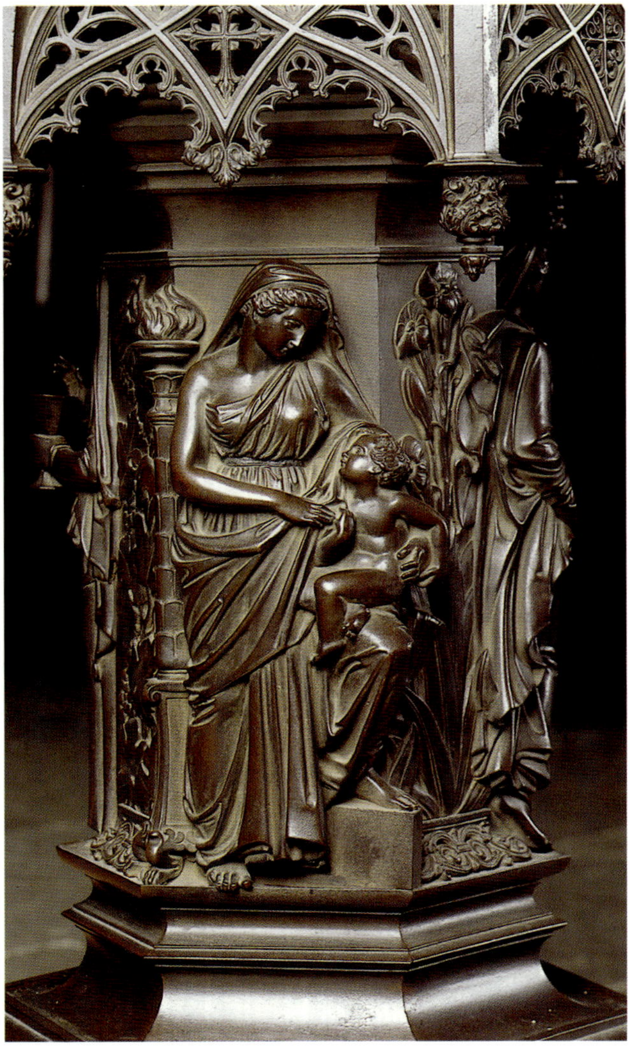

Allegorische Figur am Taufbecken: die Liebe

Abb. Seite 38 und 39 ➢

Seite 51: Taufbecken, vermutlich nach Entwurf von Karl Friedrich Schinkel, Berliner Eisenguss, 1832

Tausen (Dänemark), Matthias Devai (Ungarn), Olavus und Laurentius Petri (Schweden) und Michael Agricola (Finnland). Sie alle waren Schüler Luthers und Melanchthons. In den beiden Fenstern der Nordseite rechts und links der Emporentreppe sind es Petrus Martyr Vermigli (Italien), Thomas Cranmar (England), Gaspard de Coligny (Frankreich), John Knox (Schottland), Leonhard Stöckel (Zips in der Slowakei), Johann Laski (Polen), Johann Augusta (Böhmen) und Johann Honter (Siebenbürgen).

Das Gewölbe

Beim Neubau des 22 m hohen Gewölbes 1890 hielt man sich an Fundstücke vom alten, 1760 zerstörten Gewölbe und weitere spätgotische Vorbilder in Obersachsen. Die Gewölberippen treten oben aus den Pfeilern aus und überspannen den Raum in Reihungen als dichtes Netz. An vielen ihrer Kreuzungspunkte sind sie zur Belebung „überschießend" gestaltet. Wo sie auf die Jochmitten zugehen, laufen sie frei in die sechs großen **Schlusssteine**. Den Schlussstein über dem Chor schmückt eine Taube als Symbol des Heiligen Geistes, den über den Reformatorengräbern die Lutherrose, die Übrigen zeigen Blütenmotive. Die Gewölbekappen an den Pfeilern und rund um die Schlusssteine sind nach spätgotischen Vorbildern mit Pflanzenmotiven bemalt, die Rippen selbst in Blau, Rot und Gelb hervorgehoben (Abb. Seite 44/45).

Die Kanzel, das Fürstengestühl und das Taufbecken

Im Raum zwischen den Reformatorengräbern und dem Chor befinden sich die Kanzel und das „Fürstengestühl". Diese Kunstwerke wurden nach Entwürfen Friedrich Adlers unter der Leitung des Wittenberger Holzbildhauers Wilhelm Lober aus Eiche gefertigt. Für die **Kanzel** diente diejenige in der spätgotischen Annenkirche von Annaberg als Vorbild. An die Stelle ihrer Heiligendarstellungen traten aber hier die Evangelisten Matthäus, Markus, Lukas und Johannes mit ihren Symbolen Engel, Löwe, Stier und Adler. Darunter sind die Wappen der vier wichtigsten Lutherstädte angebracht: Eisleben, Erfurt, Wittenberg und Worms. Der große „Schalldeckel" über der Kanzel soll die Akustik verbessern und zeigt Ähnlichkeit mit der Turmkuppel.

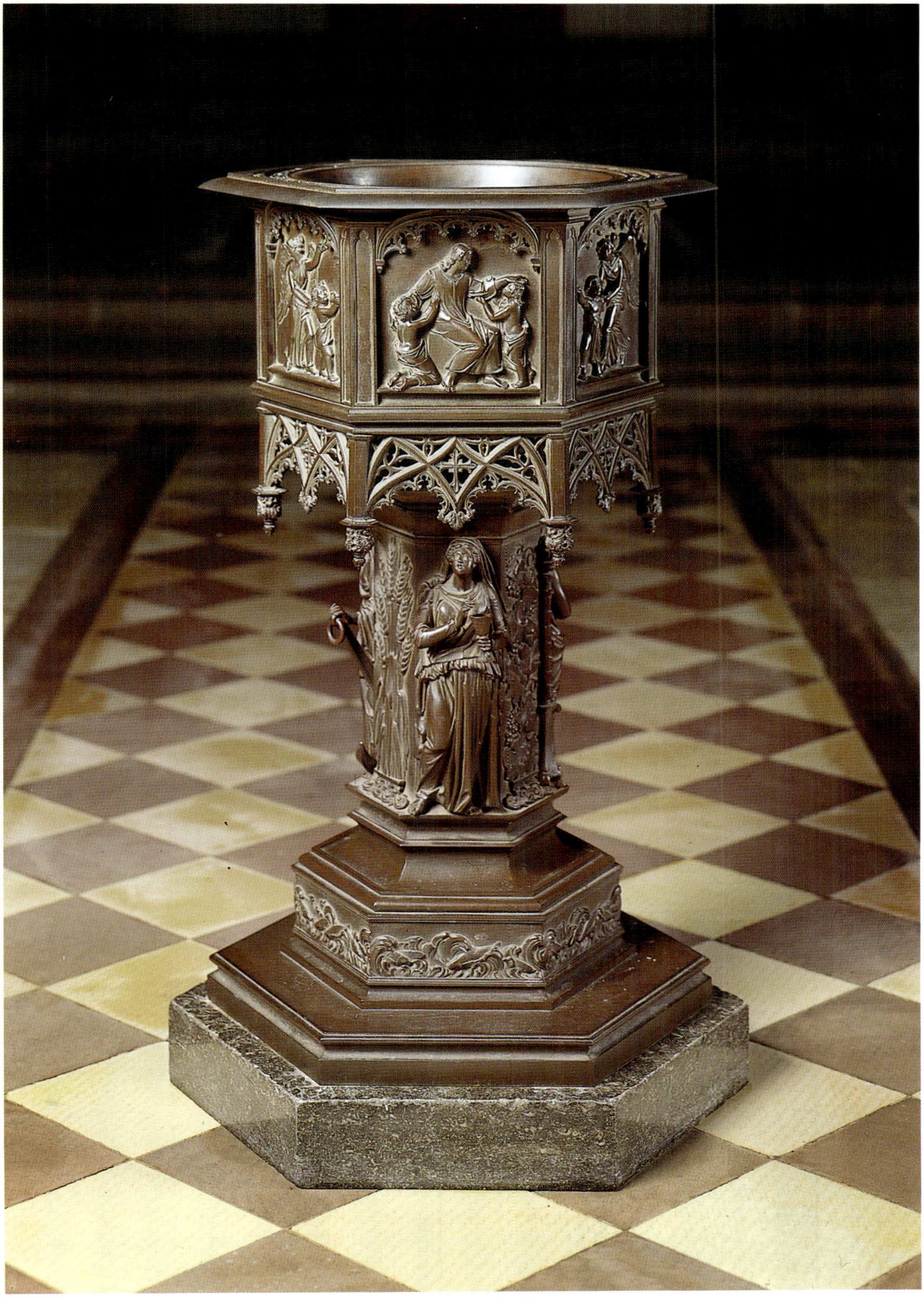

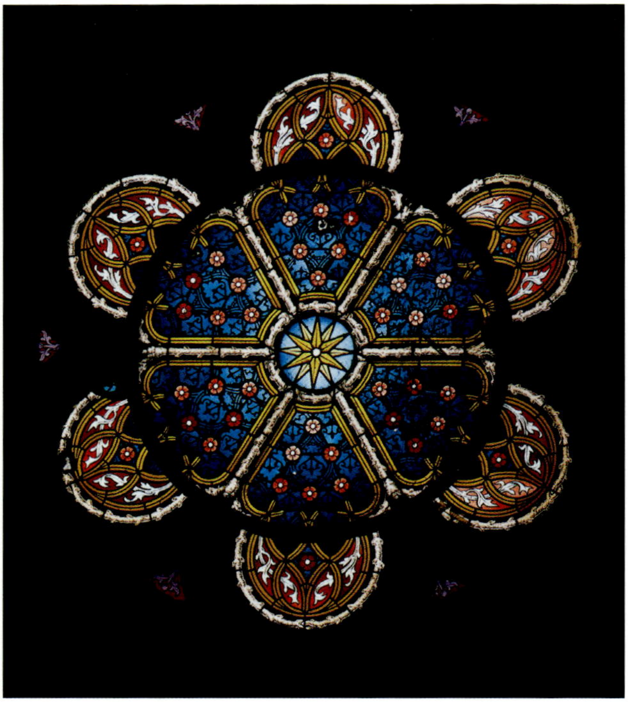

set die Kindlein zu mir kommen und wehret ihnen nicht. Wer da glaubet und getauft wird, der wird selig werden." (Mk 10,14; 16,16). Die Reliefs an den Seiten zeigen Engel in antiken Gewändern, die Kinder zu Jesus führen. Am Schaft unter dem Becken stehen drei Frauen, die mit den Symbolen Kelch, Kind und Anker die biblischen Tugenden Glaube, Liebe und Hoffnung verkörpern (1 Kor 13). Die Fische inmitten von Wasserwellen ganz unten am Fuß deuten die Taufe als das Sakrament des Sterbens und Lebens mit Jesus Christus an. Dort nennt auch eine Inschrift Entstehungsjahr und -ort des Taufbeckens: „Königl: Eisengießerei b: Berlin 1832". Sein Entwurf wird Karl Friedrich Schinkel zugeschrieben. Ihm ist es gelungen, „[...] aus gotischem und klassischem Geist heraus einen neuen, für seine Zeit idealen Stil zu schaffen." (Harksen, Schlosskirche, S. 12).

Rundfenster in der Vorhalle mit Sechspass

Seite 53: Bronzegrabmal Friedrichs des Weisen von Peter Vischer d. J., Nürnberg 1527

Das Wappen der Visconti von Mailand am Grabmal Friedrichs, einer Herrscherfamilie, die zu seinen Vorfahren gehörte

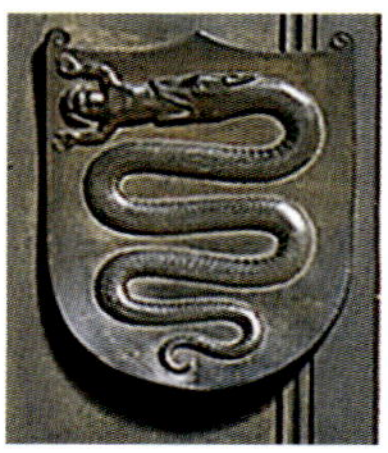

Das zweiteilige **Fürstengestühl** (Abb. Seite 38 und 40) hat nach dem Vorbild gotischer Chorgestühle eine hohe Rückwand (Dorsale) und von ihr gehaltene, „schwebende" Baldachine über seinen 22 Sitzen. In der Rückenlehne eines jeden Sitzes ist nach der Rangordnung jeweils das Wappen des Fürsten angebracht, dem der Platz zustand. Für den Kaiser wurde ein besonderer mit zwei Adlern, Wappen und Standarten gekennzeichneter **„Kaiserstuhl"** geschnitzt. Seine Aufstellung in der Nähe des Altars macht die enge Verknüpfung von Staat und Kirche („Thron und Altar") in jener Zeit sichtbar.

Wenige Schritte vom Chorraum entfernt steht in der Mitte ein kleines eisernes **Taufbecken** (Abb. Seite 50 und 51). König Friedrich Wilhelm III. hat es der Kirche geschenkt, nachdem sie ab 1826 auch von der Militärgemeinde genutzt wurde. Oben sind rund um die Öffnung für die Taufschale zwei Worte Jesu zu lesen: „Las-

Die Chorfenster

Die drei Fenster des Chorabschlusses hinter dem Altar stellen innerhalb einer reichen ornamentalen Umrahmung die biblischen Geschichten der großen christlichen Feste Weihnachten, Karfreitag, Ostern und Pfingsten dar (Abb. Seite 46/47). Im **linken Fenster** sieht man oben Maria mit dem Kind, umgeben von Engeln und Hirten (Lk 2), unten die „Drei Könige", die das Kind beschenken (Mt 2). Das **mittlere Fenster** zeigt oben den Tod Jesu vor einer sich verdunkelnden Flusslandschaft (Mt 27,45–56). Direkt unter dem Kreuz stehen die Worte: „Allein durch den Glauben." Sie sind einem Bibelvers (Röm 3,28) entnommen, den man vollständig im Fenster direkt über der Thesentür lesen kann. Er vermittelte Luther den Grundgedanken zu einer „Kreuzestheologie": Nur im Glauben an die erlösende Kraft des Todes Jesu kann der Mensch das ewige Leben empfan-

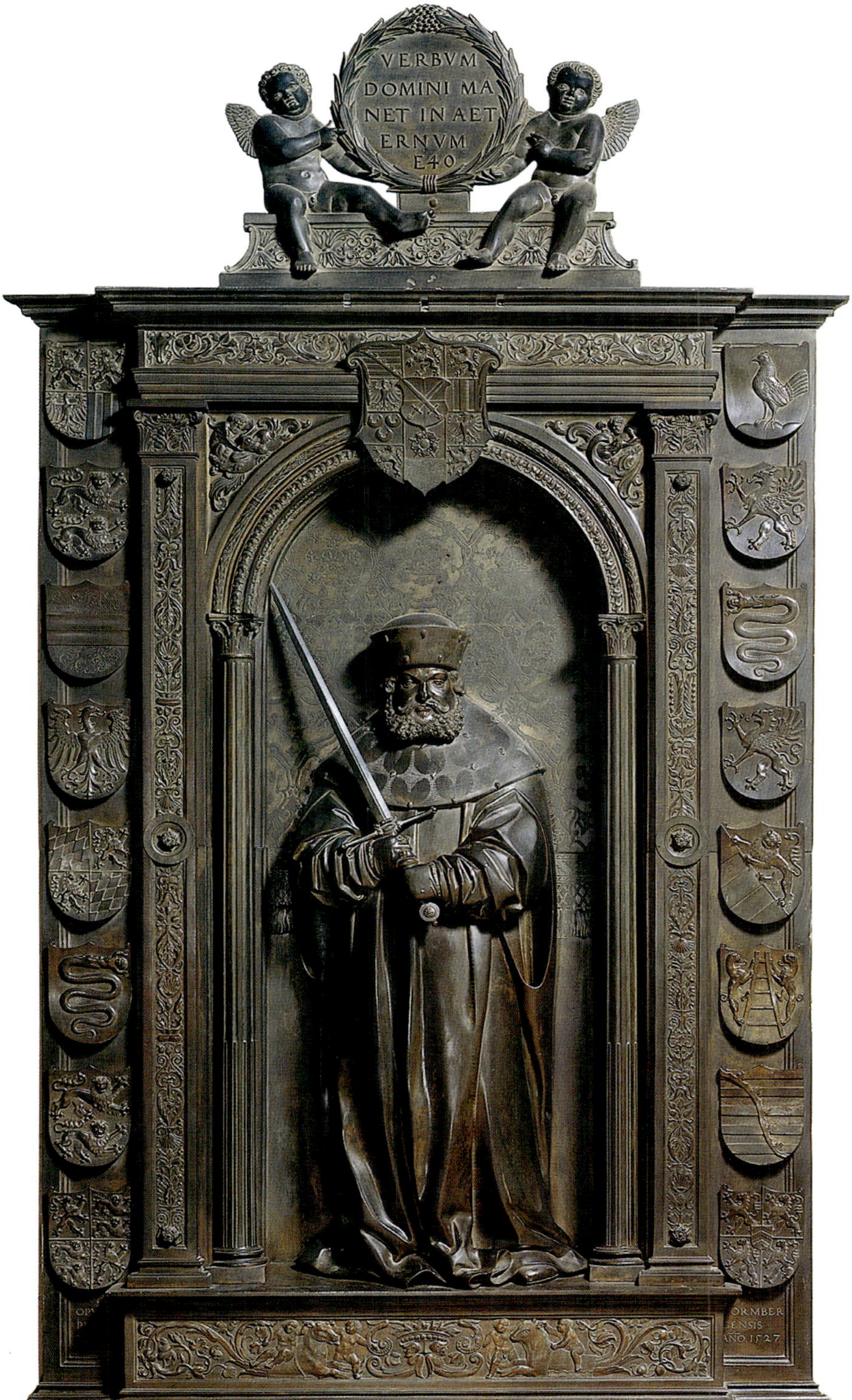
VERBVM
DOMINI MA
NET IN AET
ERNVM
E40
ORMBER
GENSIS
ANO 1527

Der Altar und die Grabdenkmäler der Kurfürsten

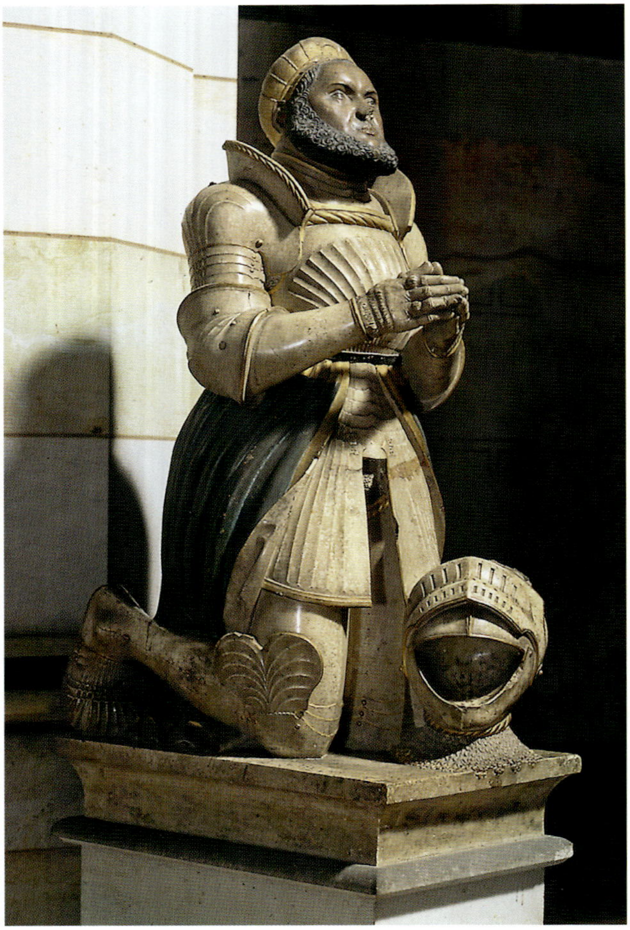

Kniende Figur Kurfürst Johanns des Beständigen, Marmor, um 1521

Bronzegrabmal Johanns des Beständigen von Hans Vischer, Nürnberg 1534

gen. Auf dem vom Altar verdeckten unteren Fenster halten zwei Engel eine Tafel, auf der die wichtigsten Jahreszahlen und Ereignisse aus der Geschichte der Schlosskirche verzeichnet sind. Das **rechte Fenster** zeigt oben den auferstandenen Jesus über seinem Grab mit den betäubten Wächtern (Mt 28,1–10), unten die Sendung des Heiligen Geistes zu den Aposteln am Pfingsttage (Apg 2,1–13).

Die Entwürfe zu den Chorfenstern wurden von den Malern Willy Döring und Moritz Ehrlich in enger Anlehnung an Dürers Kupferstiche, vor allem seiner „Kleinen Passion" gefertigt und im Berliner Institut für Glasmalerei 1891 ausgeführt.

Den Chorraum beherrscht der 11 m hohe, neugotische **Altar** (Abb. Seite 43). Seine zarteren Teile bestehen aus französischem Kalkstein. Hinter der Altarmensa mit dem von einem Tiroler Meister um 1890 geschnitzten Kruzifix erheben sich drei hohe Kielbögen, die drei vielfach durchbrochene Tabernakeltürme tragen. Wie bei der Kanzel und dem Fürstengestühl wird auch hier der Betrachter fast von der Fülle der gotischen Zierformen erdrückt. In den unteren Kielbögen stehen drei große Skulpturen: Jesus in der Mitte, Petrus mit dem Schlüssel links, Paulus mit dem (beschädigten) Schwert rechts. Der Berliner Bildhauer Gerhard Janensch hat hier den barmherzigen Jesus dargestellt, der die „Mühseligen und Beladenen" (Mt 11,28) zu sich einlädt. Die Figuren des Petrus und Paulus von Carl Dorn folgen einem sehr konventionellen Typus. Von den acht kleinen Apostelfiguren an den Bogenpfeilern, die Richard Grüttner geschaffen hat, lassen sich die an der Vorderseite nach ihren Attributen (von l. nach r.) als Matthäus (Beil), Jakobus d. Ä. (Kreuzstab), Johannes (Kelch), Judas Thaddäus (Keule) und Thomas (Winkelmaß) bestimmen. Beispielgebend für das ganze Werk war das berühmte Sebaldusgrab Peter Vischers d. Ä. (um 1460–1529) in Nürnberg.

Im Chorraum erinnern mehrere originale **Grabdenkmäler** des 16. Jh. an den Kurfürsten Friedrich († 1525) und seinen Bruder Johann († 1532). Beide ruhen in einer unzugänglichen Gruft unter den in den Fußboden eingefügten **Bronzeplatten**, die mit dem kursächsischen Wappen und denen von Bayern, Österreich, Henneberg und Braunschweig geschmückt sind. Zwischen diesen Herrscherhäusern be-

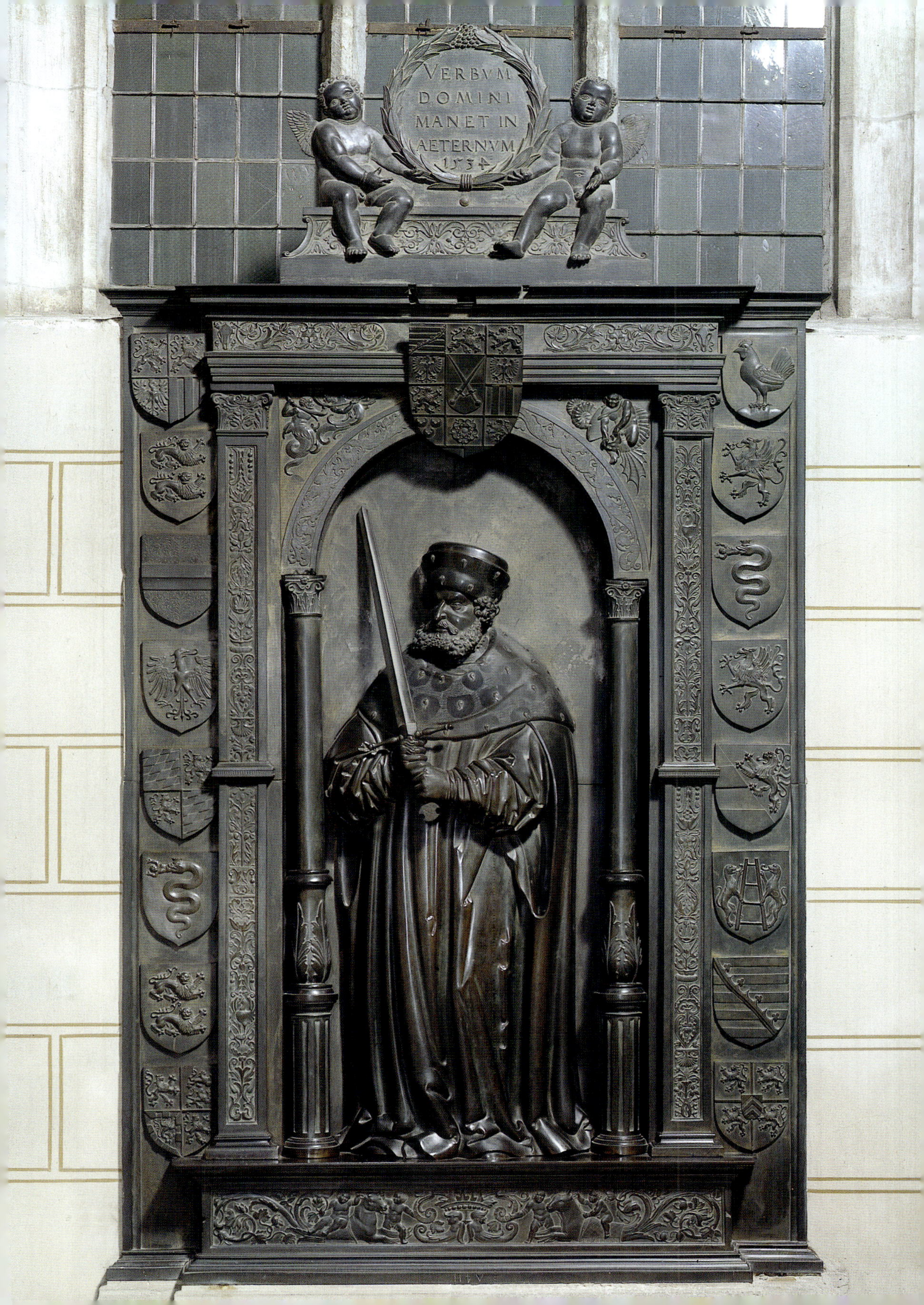
VERBVM
DOMINI
MANET IN
AETERNVM
1534

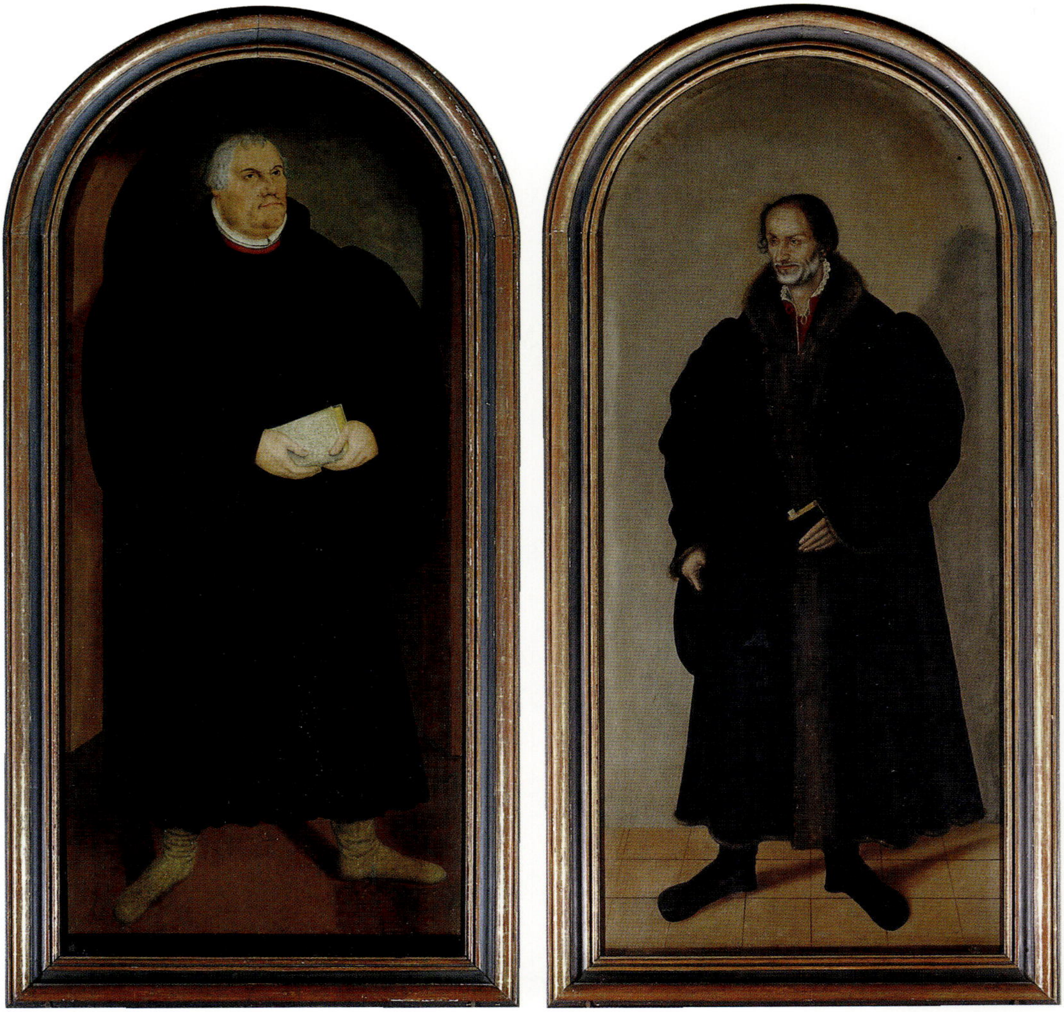

Die Professoren Luther und Melanchthon, Kopien von Gemälden Cranachs d. J., 18. Jh.

stand „Erbverbrüderung". Die beiden **knienden Ritter** (Abb. Seite 8 und 54) links und rechts vom Altar stellen Friedrich (l.) und Johann dar. Ein unbekannter Bildhauer hat sie vermutlich nach Entwürfen Cranachs bereits um 1521 aus einem Marmor unbekannter Herkunft geschaffen. An den Seitenwänden des Chores erhebt sich zusätzlich für jeden der beiden Fürsten ein 4 m hohes Bronzeepitaph.

Abb. Seite 53

Das **Epitaph Friedrichs** an der linken Seite gilt als „eines der edelsten Werke deutscher Frührenaissance" (Harksen, Schlosskirche, S. 20). Es zeigt ihn Respekt gebietend im Kurfürstenornat mit dem Schwert des Erzmarschalls, umrahmt von einem Renaissancebogen mit schlanken, kannelierten Säulen. Der als Hintergrund einziselierte Vorhang mit Granatapfelmuster spielt auf die Fürsorge des Fürsten für sein Volk an. Seitlich sieht man Rankenwerk, aus dem phantastische Gesichter hervorblicken, in den Bogenzwickeln „wilde Männer" im Kampf mit Ungeheuern, unten Putten, die mit Büffeln spie-

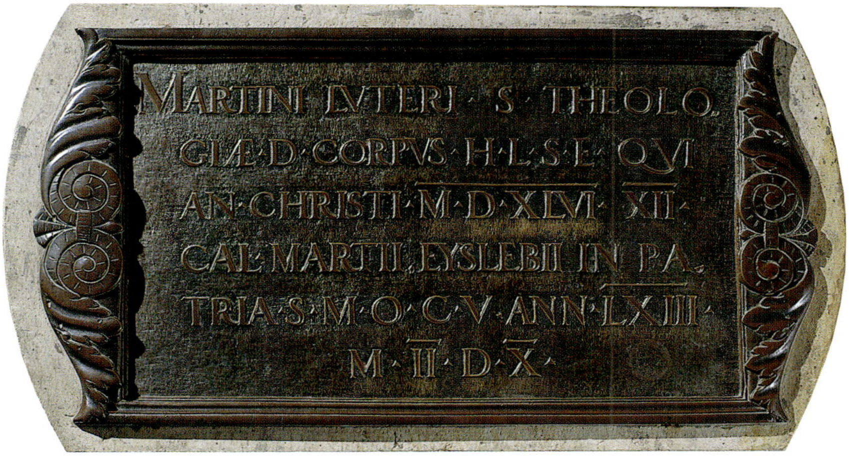

Tumba über dem Grab Luthers mit originaler Grabplatte von etwa 1550

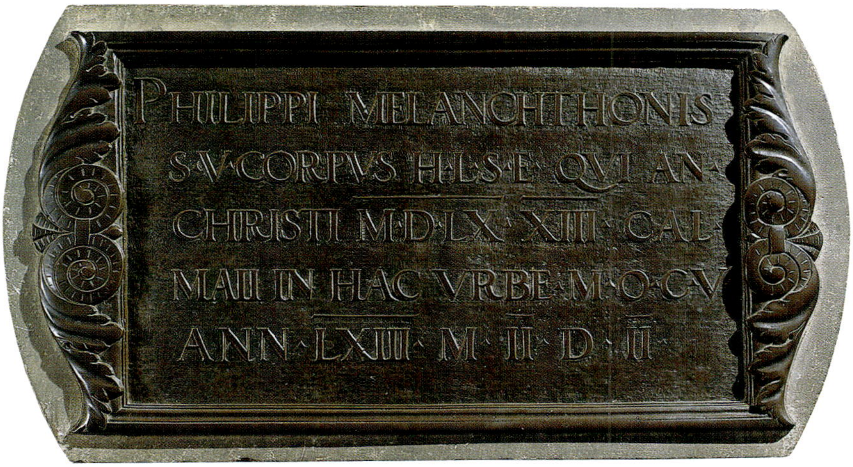

Tumba über dem Grab Melanchthons mit originaler Grabplatte von etwa 1560

len. Die Spitze des Epitaphs bilden zwei Putten mit einer Tafel, auf der der von Friedrich beherzigte Wahlspruch der Reformation zu lesen ist: VERBUM DOMINI MANET IN AETERNUM (Das Wort des Herrn bleibt in Ewigkeit, Jes 40,8).

Außer dem kurfürstlichen Wappen am Bogenscheitel sind an den Seiten noch je acht Wappenschilde angebracht, die vermutlich auf acht Urahnenpaare des Fürsten hinweisen. Angesichts seiner Abstammung von den verschiedensten Herrscherfamilien in Europa wurde der Satz geprägt: „Der Herkunft nach war Friedrich ein Europäer" (Ingetraut Ludolphy). In den unteren Ecken ist das Werk signiert: „OPUS M. PETRI FISCHERS NORMBERGENSIS [von Nürnberg] ANNO 1527." Es handelt sich um Peter Vischer d.J. († 1528). Sein Bruder Hans Vischer hat dann 1534 das ganz ähnliche **Epitaph Kurfürst Johanns** gegenüber vollendet und mit seinem Monogramm „H V" signiert. Es zeigt ebenfalls solides Können, erreicht aber nicht die Eleganz der Arbeit Peters.

Abb. Seite 55 ➢
Abb. Seite 55

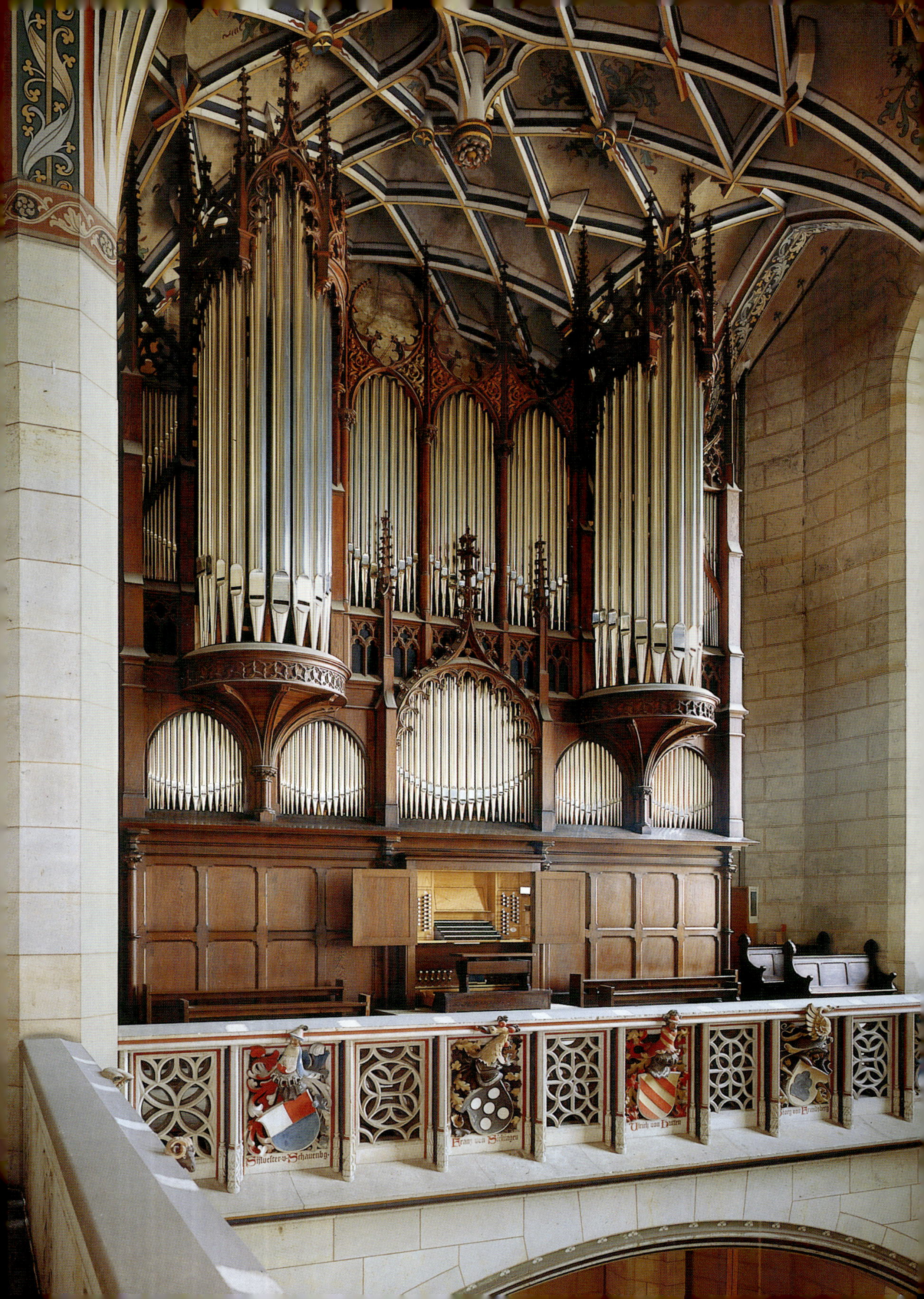
Sylvester v. Schauenbg.
Franz von Sickingen
Ulrich von Hutten

Johann Hinrich Wichern, Begründer der Inneren Mission (Porträt von Erich Viehweger, 1972 nach einer historischen Vorlage)

Die Orgel

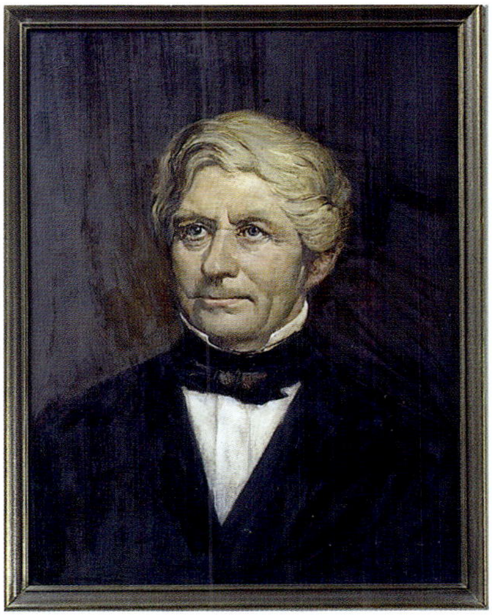

Mit der Besichtigung des Chorraums endet dieser Gang durch die Kirche. Wendet man sich nun zurück, so wird das Bild des Innenraums von der Orgel auf der Westempore beherrscht. Erbaut hat sie 1863/64 Friedrich Ladegast (1818–1906) in Weißenfels, einer der bedeutendsten Orgelbauer des 19. Jh. Anders als die hell klingenden Barockorgeln Gottfried Silbermanns, des Zeitgenossen Johann Sebastian Bachs, haben die Ladegasts einen weichen, romantischen Klang. Das gilt auch für seine Wittenberger Orgel mit ihren ursprünglich 39 Registern und 3 Manualen.

Beim Umbau der Kirche ab 1885 erhielt sie anstelle des noch von 1770 stammenden barocken Prospekts einen neugotischen. Im Zuge der „Orgelbewegung", die nach dem Ersten Weltkrieg aufkam und den hellen Klang der Barockorgeln favorisierte, bemängelte der neu berufene Organist den nicht mehr zeitgemäßen weichen Klang der Orgel. Deshalb wurde die Orgelbaufirma Sauer in Frankfurt/Oder 1935 beauftragt, den Klang durch einen Umbau zu „verbessern". Das Ergebnis war ein unbefriedigender Kompromiss. In den Jahren nach dem Zweiten Weltkrieg erwies sich vor allem die 1935 eingebaute elektro-pneumatische Traktur als höchst störanfällig, so dass man schon an einen Abriss der Orgel dachte. Doch ergab 1985 eine gründliche Untersuchung durch die Bautzener Orgelbaufirma Hermann Eule, dass noch genügend originale Substanz vorhanden war, um einen beachtlichen Teil von den Windladen und Pfeifen Ladegasts zu restaurieren und manches Fehlende zu rekonstruieren. Man war sich allerdings bald darüber einig, dass Ladegasts Orgel allein den Anforderungen heutiger Kirchenmusikpraxis nicht mehr genügen könne. Zur Ergänzung baute man noch ein 4. Manual mit einem zusätzlichen Werk ein. Die Orgel hat jetzt wieder eine rein mechanische Traktur für ihre 57 Register und dient nicht nur der gottesdienstlichen Musik, sondern erklingt auch bei anspruchsvollen Konzerten, die regelmäßig stattfinden.

Viele Namen sind beim Gang durch die Geschichte dieser Kirche genannt worden: Namen von Fürsten, Künstlern, Professoren und Reformatoren. Ihr Glaubenseifer und Reformationswille, ihr künstlerisches Können und ihre geistigen Fähigkeiten brachten dieses Bauwerk zustande und sorgten dafür, dass es die Jahrhunderte überdauern konnte. Schließlich ist es zur bekanntesten Erinnerungsstätte der Reformation geworden, von der doch auch immer wieder Impulse zu neuem reformatorischen Denken und Handeln ausgegangen sind.

1864 erbaute Ladegastorgel (mit Prospekt von 1892), restauriert 1994 von der Firma Hermann Eule, Bautzen. An der Emporenbrüstung sind einige der Adelswappen sichtbar.

Wappen des Juristen Matthäus Wesenbeck (+ 1586), obere Hälfte seines Epitaphs

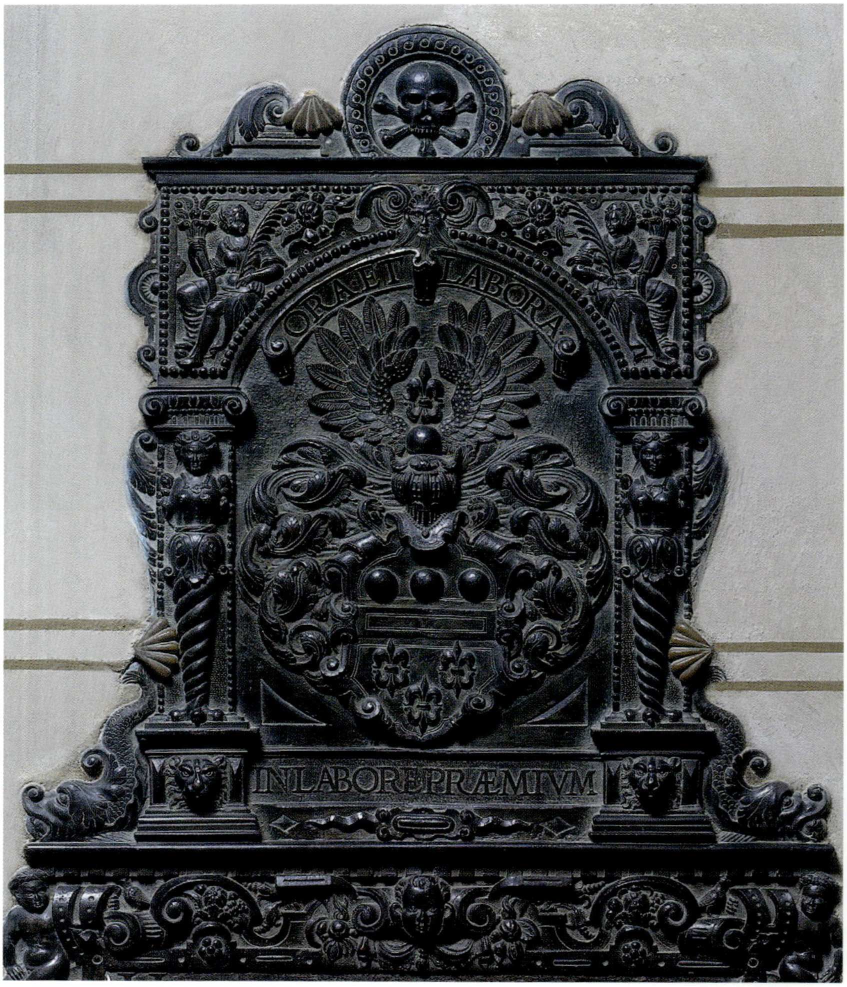

Danksagung

Der Verfasser dankt allen, die ihn bei der Entstehung dieses Bandes unterstützt haben. Das Evangelische Predigerseminar und die Küster der Schlosskirche in Wittenberg haben stets ihr besonderes Interesse daran bekundet und ihn ermutigt. Herr Stephan Lange hat aus der Bibliothek des Seminars Vorlagen für etliche der historischen Abbildungen zur Verfügung gestellt. Herrn Martin Steffens verdankt der Verfasser wertvolle Hinweise zur Baugeschichte.

Der Verlag Schnell & Steiner hat es ermöglicht, dass nun neben dem Kleinen auch ein Großer Kunstführer zur Schlosskirche vorliegt. Seinem Geschäftsführer, Herrn Dr. Albrecht Weiland, den Mitarbeiterinnen und Mitarbeitern, insbesondere Frau Sabine Scheffler, sowie dem Fotografen Herrn Constantin Beyer sei hier für ihre sachkundige Arbeit vielmals gedankt.

Epitaph des katholischen Propstes Henning Göde (+ 1521), Vischerwerkstatt

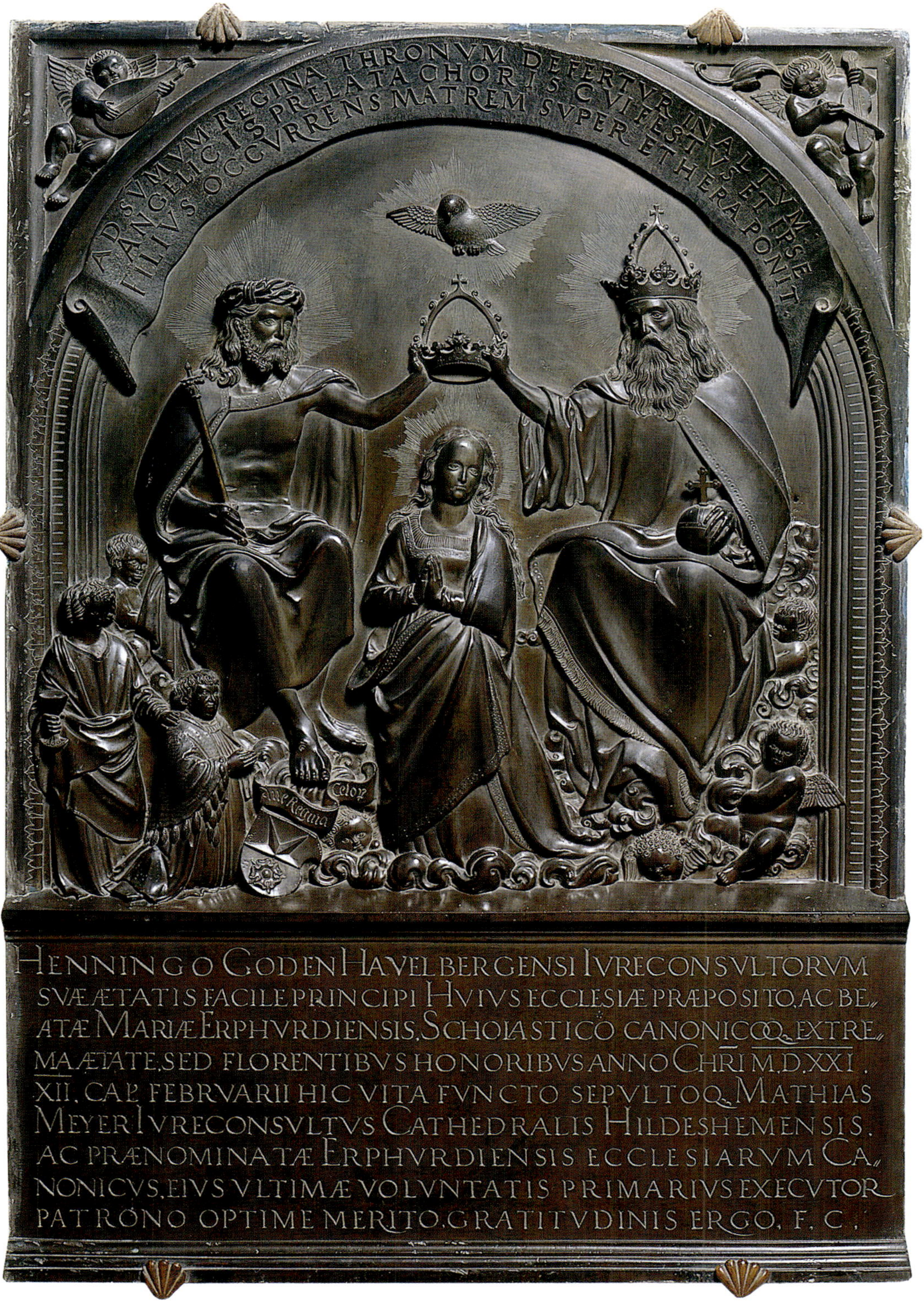
AD SVMMVM REGINA THRONVM DEFERTVR IN ALTVM
ANGELICIS PRELATA CHORIS CVI FESTVS ET IPSE
FILIVS OCCVRRENS MATREM SVPER ETHERA PONIT
Ave Regina Celor
HENNINGO GODEN HAVELBERGENSI IVRECONSVLTORVM
SVÆ ÆTATIS FACILE PRINCIPI HVIVS ECCLESIÆ PRÆPOSITO, AC BE-
ATÆ MARIÆ ERPHVRDIENSIS, SCHOLASTICO CANONICOQ. EXTRE-
MA ÆTATE, SED FLORENTIBVS HONORIBVS ANNO CHRI M.D.XXI.
XII. CAL. FEBRVARII HIC VITA FVNCTO SEPVLTOQ. MATHIAS
MEYER IVRECONSVLTVS CATHEDRALIS HILDESHEMENSIS.
AC PRÆNOMINATÆ ERPHVRDIENSIS ECCLESIARVM CA-
NONICVS, EIVS VLTIMÆ VOLVNTATIS PRIMARIVS EXECVTOR
PATRONO OPTIME MERITO, GRATITVDINIS ERGO. F. C.

Melanchthons
Standbild vor dem
nördlichen Pfeiler
am Chor (um 1890)

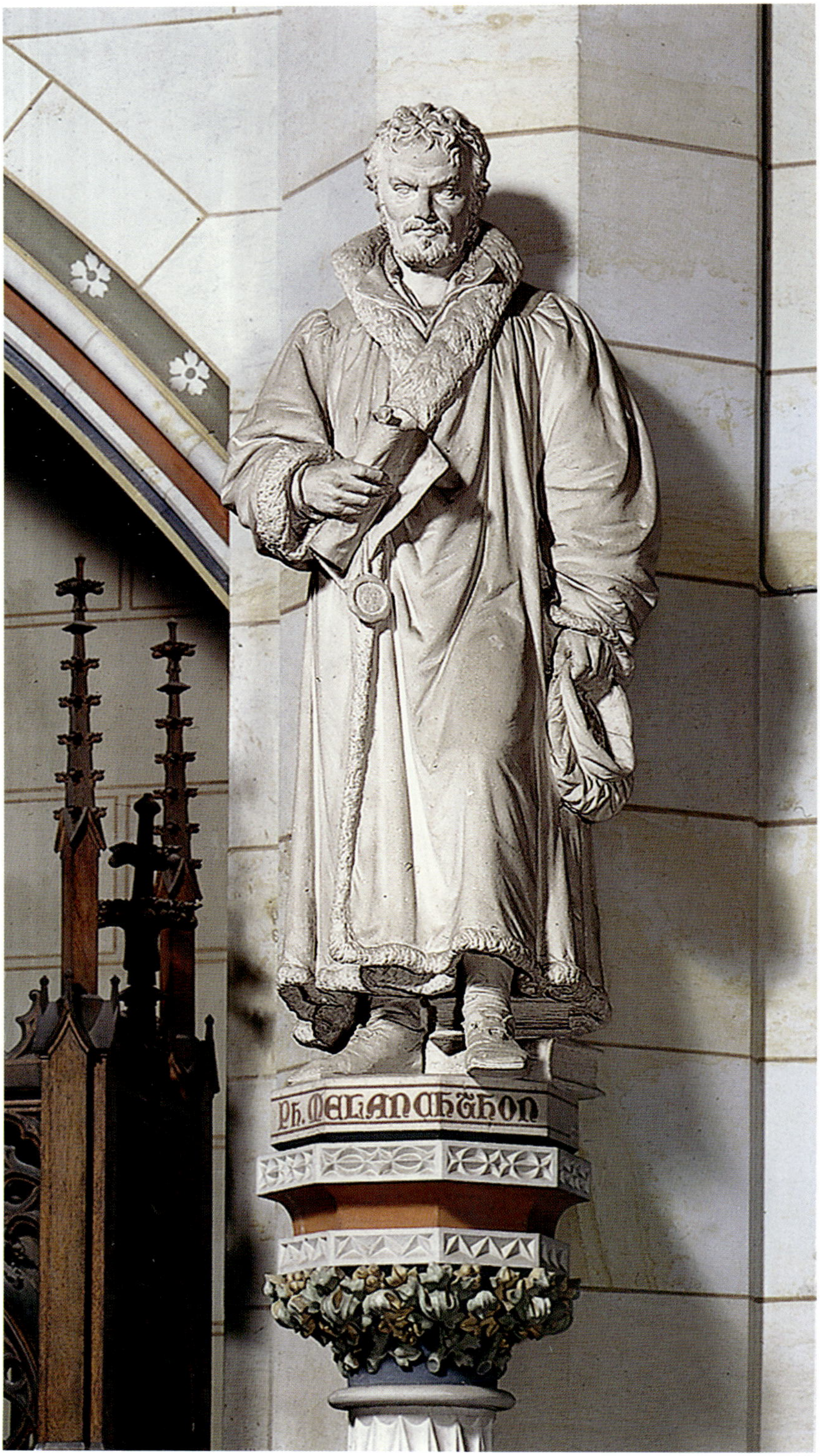

Besichtigungszeiten

Mai–Oktober:
Montag–Samstag 10–17 Uhr
Sonntag 11.30–17 Uhr

November–April:
Montag–Samstag 10–16 Uhr
Sonntag 11.30–16 Uhr

Orgelmusik

Mai–Oktober:
jeweils Dienstag 14.30 Uhr

Gottesdienst

Sonntag 10 Uhr
(vom 1. Advent bis Karfreitag in der Regel im Saal des Predigerseminars, Collegienstraße 54)

Andacht jeweils Mittwoch 12 Uhr

Für Rückfragen:
Telefon/Fax (03491) 402585

Gruppe aus dem Relief der neun heiligen Frauen in der Vorhalle, 14. Jh.

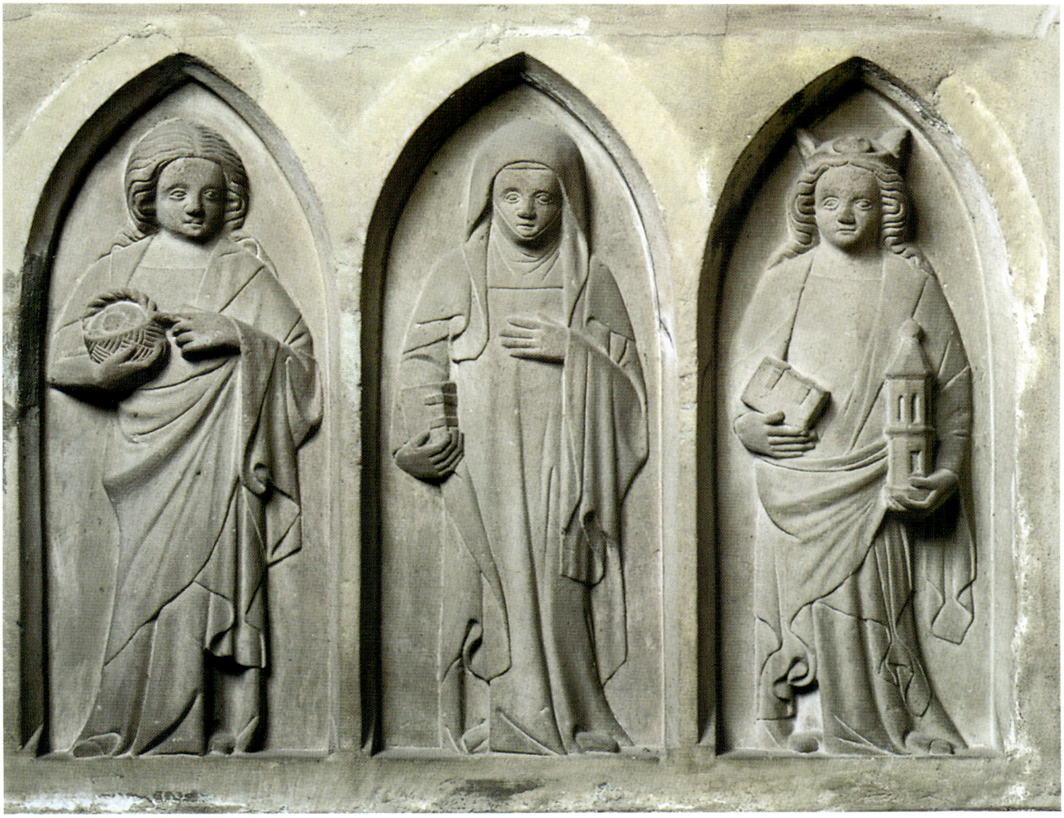

Links: Bronzemedaillon am Emporenbogen mit dem Profilbildnis Lucas Cranachs d. Ä. (um 1890)

Rechts: Eines der 1983 geschaffenen Fensterbildnisse europäischer Reformatoren des 16. Jh.: Gaspard de Coligny

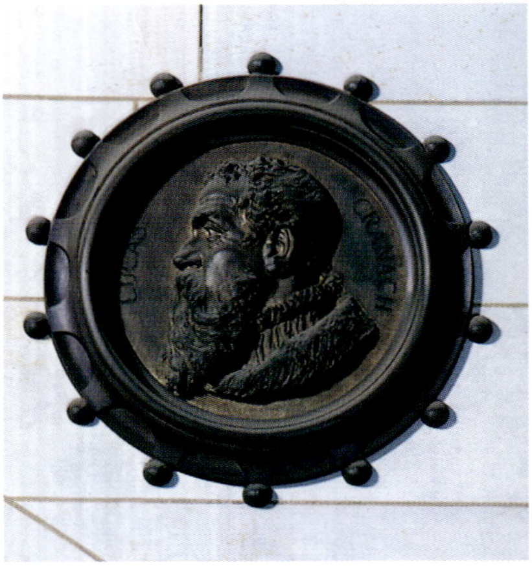

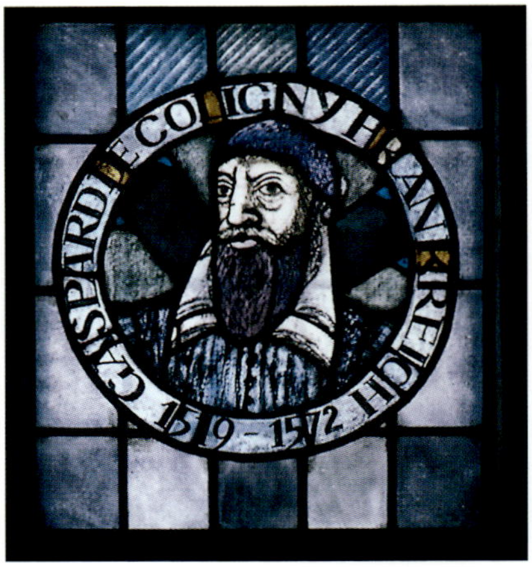

Ausgewählte Literatur

Meinhardi, Andreas: Dialogus illustrate ac Augustissime urbis Albiorene vulgo Vittenberg dicte [...], Leipzig 1508. Deutsche Übersetzung von M. Treu unter dem Titel: Über die hochberühmte und herrliche Stadt Wittenberg, Leipzig 1986.

Faber, Matthaeus: Kurzgefaßte Historische Nachricht Von der Schloß- und Academischen Stiffts Kirche zu Aller-Heiligen in Wittenberg [...], Wittenberg 1717, 2. Aufl. 1730.

Georgi, Christian Siegismund: Wittenbergische Klage-Geschichte [...], Wittenberg 1761, Reprintausgabe des Predigerseminars Wittenberg, Stuttgart 1993.

Quast, Ferdinand von: Die Thüren der Schloßkirche zu Wittenberg. (in: Christliches Kunstblatt für Kirche, Schule und Haus, Herausgeber C. Grüneisen u. a. 1859, Nr. 7).

Stier, Gottfried: Die Schlosskirche zu Wittenberg. Übersicht ihrer Geschichte bis auf die Gegenwart, Wittenberg 1873.

Witte, Leopold: Die Erneuerung der Schloßkirche zu Wittenberg eine That evangelischen Bekenntnisses. Wittenberg 1893.

Adler, Friedrich: Die Schlosskirche in Wittenberg, ihre Baugeschichte und Wiederherstellung. Berlin 1895.

Volz, Hans: Martin Luthers Thesenanschlag und dessen Vorgeschichte, Weimar 1959.

Harksen, Sibylle: Schloß und Schloßkirche in Wittenberg (in: 450 Jahre Reformation, hrsg. von Leo Stern/Max Steinmetz, Berlin 1967, Seiten 341–365).

Schade, Werner: Die Malerfamilie Cranach, Dresden 1974.

Iserloh, Erwin: Luther und die Reformation, Aschaffenburg 1974.

Bellmann, Fritz/Harksen, Marie-Luise/Werner, Roland: Die Denkmale der Lutherstadt Wittenberg, Weimar 1979.

Brecht, Martin: Martin Luther, Band 1/2, Berlin 1981/89, Band 3, Stuttgart 1987.

Die Orgel in der Schlosskirche zu Wittenberg (mit Beiträgen von H. J. Busch/H. Werner u. a., hrsg. vom Evangelischen Predigerseminar Wittenberg 1994).

Junghans, Helmar: Martin Luther und Wittenberg, München/Berlin 1996.

Steffens, Martin: Die Wittenberger Schloßkirche im 19. Jahrhundert (Magisterarbeit, dem Kunsthistorischen Institut der Freien Universität Berlin vorgelegt 1997).

Steffens, Martin/Hennen, Insa Christiane (Hrsg.): Von der Kapelle zum Nationaldenkmal. Die Wittenberger Schloßkirche (Ausstellungskatalog), Wittenberg 1998.

Beck, Lorenz Friedrich: Herrschaft und Territorium der Herzöge von Sachsen-Wittenberg (1212–1422), Potsdam 2000.

Cardenas, Livia: Friedrich der Weise und das Wittenberger Heiltumsbuch, Berlin 2002.

Harksen, Sibylle: Die Schlosskirche zu Wittenberg (Schnell, Kunstführer Nr. 1910) Regensburg 2003.

Luthers Werke in Auswahl, hrsg. von Otto Clemen, Band 1–8, Berlin 1930–1934.

Grundriss der Schlosskirche Wittenberg

1. Altar
2. Freiplastik Friedrich der Weise (1519/20)
3. Freiplastik Johann der Beständige (1519/20)
4. Grab Johann der Beständige († 1532)
5. Grab Friedrich der Weise († 1525)
6. Bronzeepitaph für Friedrich den Weisen
7. Bronzeepitaph für Johann den Beständigen
8. Grabplatte für Martin Luther (1548, Abguss 1892)
9. Epitaph Henning Göde († 1521)
10. Grabstein Herzog Rudolf II. und Elisabeth von Sachsen († 1370 / † 1373)
11. Grabplatte der Herzogstochter Elisabeth von Sachsen († 1353)
12. Sandsteinrelief mit neun heiligen Frauen (um 1353)
13. Askaniergedenkstein (1892)
14. Grab Philipp Melanchton († 1560)
15. Grab Martin Luther († 1546)
16. Kanzel (1892)
17. Fürstengestühl (1892)
18. Kaiserstuhl (1892)

18a. Eisernes Taufbecken (1832)

Medaillons an der Emporenbrüstung (1892)

19. Ulrich Zwingli
20. John Wiclif
21. Petrus Waldes
22. Martin Bucer
23. Hans Sachs
24. Albrecht Dürer
25. Lucas Cranach d. Ä.
26. Ernst von Braunschweig-Lüneburg
27. Philipp von Hessen
28. Albrecht von Preußen
29. Joachim II. von Brandenburg
30. Friedrich der Weise von Sachsen
31. Johann der Beständige von Sachsen
32. Johann Friedrich der Großmütige von Sachsen
33. Wolfgang von Anhalt
34. Johannes von Staupitz
35. Paul Speratus
36. Johannes Mathesius
37. Heinrich von Zütphen
38. Johannes Hus
39. Girolamo Savonarola
40. Johannes Calvin

Standbilder an den Pfeilern (1892)

41. Nikolaus von Amsdorf
42. Urbanus Rhegius
43. Georg Spalatin
44. Johannes Bugenhagen
45. Philipp Melanchthon
46. Martin Luther
47. Justus Jonas
48. Johannes Brenz
49. Caspar Cruciger

Maße: Innere Länge 53 m; Innere Breite 13 m; Höhe bis Gewölbe rund 22 m; Höhe des Turms mit Kreuz 88 m